10秒で新人を伸ばす質問術

島村公俊
Shimamura Kimitoshi

東洋経済新報社

はじめに

こんにちは。「講師ビジョン」代表の島村です。

本書では、**指導者が育成にかける時間を最小限にしつつ、最速で新入社員を一人前にするための、質問を活用した仕事の教え方**をご紹介します。

その前に、私の略歴を簡単に説明させていただきます。

「講師ビジョン」は2016年に私が設立した会社で、「人を育て、人を活かす」ことを目的に、OJTトレーナー研修や新人研修などの研修サービスを通じて、人財育成の支援をしています。

本書でご紹介するメソッドは、弊社が提供している新人教育法のひとつです。

このメソッドは、**私が約10年間勤めていたソフトバンクで培い、起業後に多くのクライイ**

アント様との仕事を通じて磨き上げたものです。

ソフトバンクで私は、全社員の教育を担う部署に在籍していました。新入社員（以下、新人）の育成や新人を育てるエルダー（ＯＪＴトレーナー、メンター）の育成に深く関わってきました。直接・間接を合わせると**２万人以上**の社員育成に関わったことになります。

総合研修統括部時代には、部内で**講師の最高峰の資格である「匠」の称号**もいただきました。また**「教える人を教えるプロ」**として、ソフトバンクユニバーシティ（企業内大学）の１００人を超える社内の認定講師陣の講師という立場でもありました。

本書ではそうした私の経験から培った、新人育成のメソッドをご紹介します。

これまで研修やセミナーを通して、数多くの指導者のみなさんにお会いしてきました。

これらの経験を通じてわかったことがあります。

それは、現代のビジネスパーソンが抱える、新人育成の２つの悩みです。

ひとつは新人に対して**「早く一人前になってほしい」**という悩みです。

一昔前であれば、それほど「早く」は意識されませんでした。上司や先輩の下につけ、そのうち戦力となってくれればいいという時間感覚で多くの新人指導が行われていたと思います。

しかしいまは、新人教育にもよりスピード感が求められるようになりました。会社にもそれほど余裕はありませんから、のんびり「いずれは」などとも言っていられませんし、そもそも、3年後5年後には、その新人はどこかに転職している可能性もあります。

「新人を一刻も早く一人前にする」というのは、いま、企業が直面している大きな課題なのです。

もうひとつは「そうは言っても、**教える時間がない**」ということです。

新人の育成に携わる上司や先輩は、指導だけでなく、自分の仕事に追われています。プレイングマネージャーとして、自らの成果を出しつつ、その合間を縫って新人の面倒をみなければいけません。

はっきりいって、そんなに時間を割いていられないのです。

早く一人前にしなくてはいけない。

でも時間はかけられない。

これがいま、新人を指導する者が直面している悩みなのです。


ソフトバンクという会社は、ある意味で、その究極の現場でした。

いまも当時もそうですが、ソフトバンクの成長スピードは、あの規模の企業の中で群を抜いています。社長の号令の下、恐ろしい速さで次々と事業を展開し、瞬く間に規模を拡大させていきます。

当然、それに伴って組織も巨大化していくので、それを支える社員やスタッフの数も指数関数的に増えていきます。実際、ソフトバンクには毎年数百人規模の新人がやってくるのですが、彼ら彼女らをいかに短期間で一人前に育成するかが、まさに私に与えられていたミッションでした。

想像していただければおわかりになるかと思いますが、これは並大抵のことではできません。きちんと指導しないと戦力にならなかったり、場合によっては退職の引き金になる可能性もあります。

かといって一人ひとりにじっくり時間をかけるほどの余裕はありません。突発的なプロジェクトもバンバン入ってきます。

必然的に私は、次のことを考えざるを得なくなりました。

指導する時間を最小限にして、
新人を最速で一人前に育てるにはどうすればいいだろう。

その方法を私は10年間考え抜き、試行錯誤してきました。

本書では私がたどり着いたメソッドを、同じ悩みを抱えるみなさんと共有したいと思います。

第1章「最速で『仕事の基本』を教える10の鉄則」では、入社・配属間もない新人を想定し、一通りの知識やスキルを最短距離で習得させるための手法を紹介します。新人指導のファーストステップに相当します。

第2章「早く自分で育つように新人を『体質改善』する」では、初期に教えておきたい「新人の行動規範」を紹介します。例えるならこれはコンピュータのOSを構築することに相当します。いくらいいプログラムを提供してもOSが貧弱であれば、読み込みが遅かったりフリーズしたりします。

第3章「10秒で新人を伸ばす質問術」では、コーチングの手法に基づく、質問を使って10秒で新人を伸ばす考え方と実践例を紹介します。指導者が一から十まで教えるのではなく、質問を与え、新人に考えさせることが、早く一人前に育てる近道です。

第4章「成長を加速させる『叱り方&ほめ方』のコツ」で紹介するのは、指導者にとって避けて通れない「叱る」「ほめる」の技術です。やり方ひとつで成長を加速させることもあれば、新人との関係を気まずくさせてしまうこともあるので要注意です。

第5章「忙しくても続けられるコミュニケーションの秘訣」では、多忙な指導者が、それでも新人と密にコミュニケーションをとるためのヒントをご紹介します。面倒でも新人とのちょっとした対話を持つことは、早期育成にとって大きなプラスになります。

第6章「トラブルはスピード減の元!『困ったとき』の解決法」では、新人がスランプに陥ったり、育成がうまくいかないときの指導者としてのアクションを紹介します。トラブルを放置しておくと、成長スピードは大幅にダウンする恐れがあります。

最後の第7章「基礎が身についたら始めたい『ワンランク上』の育成法」では、一通りの指導を終えて、さらにもう一皮むけさせたいときに実践してほしい、ちょっとハイレベルな育成のアプローチについて紹介します。

これら7つの章で紹介する51のメソッドは、私が自信をもってオススメできるものです。

また本書では、各節の最後に**「匠の時短質問」**として、新人に投げかけると短時間で成長を促すことができる一言の質問を紹介しています。

それでは、51のメソッドと匠の時短質問をどのように活用すれば、「指導時間を減らし」「最速で新人を一人前にする」ことができるのか、本編を見ていくことにしましょう。

本書が、みなさんのお役に立てれば幸いです。

講師ビジョン株式会社
代表取締役　島村 公俊

『10秒で新人を伸ばす質問術』目次

第1章

最速で「仕事の基本」を教える10の鉄則

第2章

早く自分で育つように新人を「体質改善」する

第3章

10秒で新人を伸ばす質問術

第4章

成長を加速させる「叱り方&ほめ方」のコツ

第5章

忙しくても続けられるコミュニケーションの秘訣

第6章

トラブルはスピード減の元！「困ったとき」の解決法

第7章

基礎が身についたら始めたい「ワンランク上」の育成法

第1章

最速で「仕事の基本」を教える10の鉄則

この章では、職場に新入社員が入ってきたシーンを想定し、指導者が「早く確実に」仕事のイロハを教えるためのコツを紹介します。

仕事の教え方は新人に決めさせる

新人をスピーディーに育成するにあたって大切なことがあります。それは、**「新人によって、わかりやすい教え方は違う」**ということです。

多くの指導者は、このことをつい忘れてしまいます。自分にとってわかりやすい教え方は、新人にもわかりやすいだろうと、自分の慣れ親しんだ教え方や、かつて自分が上司から教わったやり方をそのまま当てはめてしまうのです。

しかし、自分の教え方が新人の求めるものとマッチすればいいのですが、そうではないケースもあるわけです。「一生懸命教えているのに、なんで新人がちゃんと育たないんだろう?」と感じるのは、このミスマッチが原因とも考えられます。

したがって、**入社の初期段階では、新人が最も好む慣れ親しんだ教え方を採用し、学習**

のスタートダッシュをはかることが重要です。

私がそのことに気がついたのは、今から10年以上も前のこと。ソフトバンクの携帯電話ショップの店頭で、新人スタッフとして配属され、トレーニングを受ける側だったときのことです。

私は、事前にすべてのレクチャーを受けて「大丈夫！」と自分に確信を持ってから、実際に店頭の接客に出たいと思うタイプでした。相当な心配性で、失敗を極度に恐れるタイプです。

しかし、同じタイミングでショップの現場に配属されたもう一人の新人スタッフは、そうではありませんでした。「トレーニングはそこそこにして、早く店頭で接客させてほしい」と先輩スタッフに願い出るタイプでした。

当初、指導担当の先輩スタッフは、できれば全員の新人に対して、詳しくレクチャーを行ってから店頭で接客をさせたいと考えていました。レクチャーが全部終わらないうちに店頭で接客させ、お客様に迷惑がかかってしまうのを心配していたのです。

しかし、「早く店頭に出たい」と願い出てきた新人があまりの勢いで迫っていくので、その迫力に押された先輩スタッフは「そこまで言うなら、概略を説明したあと早速やってみる？」と伝えたのです。

するとその新人は、こう返事をしました。

「ありがとうございます。体験したことのないことについて説明を受けても、全然頭に入ってこないんです。助かります！」


私は、その新人スタッフの接客の様子を遠くから眺めていたのですが、案の定ところどころお客様への説明を間違えていました。しかし、そのたびに指導担当が後方からそっと指摘して訂正を促すと「ああ、そういうことか」とその都度納得し、なんとか接客をこなしていきました。お客様も、説明が少し拙いくらいであれば許してくれる場合がほとんどでした。

その様子を見た指導担当の先輩は、その新人スタッフに対しては、レクチャー中心のスタイルから、実践を通じてフォローしていくやり方に指導方法を変えていったのです。彼にはそのアプローチがぴたりとはまり、その後どんどん成長していきました。

なお、その指導担当者は、極度に心配性な私に対しては、その後もしっかりとレクチャーをしてから、最も簡単な業務である料金収納のロールプレイングをしてくれました。不安を取り除き、ロールプレイングで自信を持たせてから店頭に出してくれたのです。おかげでうまく接客でき、私は小さな成功体験を積むことができました。小さな成功は私の自信となり、その後、いろいろな業務に積極的にトライしていけるようになりました。私はこの対応に大変感謝しています。「とにかく接客してみろ！」と店頭に出されていたら、かなりパニックになっていたと思います。

この一件で私は、**新人に指導スタイルを選択させればスピーディーな成長につながる**と確信しました。

育成アプローチをまとめますと、次のようになります。

育成パターンA ― 実践アプローチ

アグレッシブな新人に対しては、業務の全体像を説明し、すぐに実践に移す

育成パターンB ― 講義アプローチ

石橋を叩いて渡る新人に対しては、先に十分な説明をしてから、練習させ、実践に移す

このように指導者は、初期段階においては、新人本人に主体的に育成パターンを選ばせ、スムーズに業務を覚えてもらうことがとても大切です。

なお、**そのスタイルに慣れてきたら、徐々に新人好みの学習アプローチとは逆のアプローチを試していく**必要もあります。

入社初期段階における新人好みの学習スタイルの採用は、あくまで業務習得に関してのつまずきを極力少なくし、職場環境にソフトランディングさせ、育成スピードを上げてい

くアプローチのひとつなのです。

最終的には、講義からでも実践からでも、どちらからでも仕事を覚えられるように育成することが、新人を一人前にする上では重要です。

匠の時短質問

初めて新人に業務を教えるとき

実践中心と講義中心、どっちがやる気が出るかな？

新人が学習スタイルに慣れてきたとき

好みの学習スタイルの逆を試すけど、なぜかわかる？

「やりながら覚える」新人には全体像と注意点のみ教える

先にご紹介した育成パターンAの実践アプローチでは、アグレッシブな新人に対して、業務の全体像を示し、すぐに実践に入るのが良いことをご紹介しました。

この点について、もう少し詳しく説明していきましょう。

そもそも、業務の全体像を説明するというのは、具体的にどのようなことでしょうか？

引き続き、私のソフトバンクショップ勤務時の経験を例に説明したいと思います。

先輩スタッフは、実践型の新人に対して、次のように業務の全体像を説明しました。

「接客にはプロセス（流れ）があります。その全体像は次のように5つに分けることができます。このプロセスを踏む目的は、店舗として統一した、より良い接客サービスをお客様に提供するためです。では、ひとつずつ簡単に概要を説明していきますね」

接客の流れ（全体像）

1 アプローチをする
2 ニーズを把握する
3 プレゼンテーションをする
4 クロージングをかける
5 アフターフォローをする

先輩スタッフはこのように、まず全体像と概要を簡単に説明したあと、すぐに店頭で接客をするよう促しました。そして実践を通じて「そこはいい」「そこは良くない」とその場ですぐにフィードバックしながら実践型の新人を育てていきました。

この実践タイプを育てる上で、注意しなければならない点があります。それは、この育成パターンを好む新人は、**仕事の全体像に意識を向けることを忘れがちである**ということです。そうなると、目の前の業務をこなすのに一生懸命になるあまり、もっと大切なこと、例えば相手の立場にたった行動をとるのを忘れてしまうといったことが起こり得ます。

先ほどの接客の例で説明しますと、このタイプの新人は、とにかく商品の魅力を熱く語り、すぐに契約を迫るなど事を急いでしまう傾向があります。アグレッシブに攻めるのはいいのですが、いったん、落ち着いて接客の全体像に目を向け、まずは、ヒアリングを通じてお客様のニーズを正確に把握させることが肝要です。

ただ仕事を前に進めるだけでなく、相手の立場にたった仕事をさせるためにも、まず**仕事の全体像を明確に示しましょう**。それと同時に、**業務の目的もしっかりと伝え、依頼業務の大枠を押さえてもらう**ことが重要な指導ポイントになります。

また、深く考えずに行動すると、**失敗した際のダメージが大きくなる可能性があると注意喚起をしておく**こともこのタイプには大切です。

「とりあえずやってみようか」と実行に移させる前に、「ここだけは注意して」と最低限のポイントはあらかじめ伝えておきましょう。その上で、新人が多少失敗しても、指導者はそれを受け入れながら、徐々にチューニングしていくことが求められます。

実践型の教え方を好む新人は、行動したいという気持ちが邪魔になり、説明を注意深く聞けず、結果として修正すべき部分がたくさん出てきてしまうのです。

そうならないように、指導者は新人をしっかりと観察して、気づいたことはその場ですぐにフィードバックします。そして、常に全体像や注意点を意識するように伝え続けることがとても大切です。

なお、全体像に意識が及びにくいこのタイプは、**進捗を確認する際に「全体の中で、ここまで積み上がってきたよ」というように、目標における達成度合いを示すと効果的です。**そうすると、その都度、全体を捉える視点や計画性を身につけさせていくことができます。

匠の時短質問

行動重視の新人に業務を依頼するとき

この業務の全体像と目的を説明してもらえるかな?

この業務を進める際に、最も注意すべきことは何かな?

「すべての説明を求める新人」には7割しか教えない

次に慎重型の「先に十分な説明をしてから、練習させ、実践に移す」タイプの新人について見ていきましょう。

携帯電話ショップの接客の例で言えば、先に提示したように、「1 アプローチをする」～「5 アフターフォローをする」までの一通りの接客プロセスを、詳細部分を含めて十分な説明をし、それからロールプレイングに移るような教え方です。

ITの発達した時代に育った新人は、何かを始める前にネットで一通りの情報を収集し、理解・納得した上で行動に移すタイプが多くなっています。そのせいか、先に十分なレクチャーを受ける慎重型の育成アプローチを希望する新人がとても多くなっています。

このようなタイプを早期に一人前に育成するのは、実は非常に難易度が高いのです。

なぜでしょうか？

それは、行動に移すまでの時間が長くかかってしまうからです。

新人が必要以上に準備したり、必要以上に考え込むと、行動に移すまでのアイドリング時間が多くなります。すると必然的に、新人が仕事を覚えるまでの時間も長くなります。

指導者は、このタイプ特有の慎重さを理解してあげながら、いかに早期に育成するのかが命題となります。

では、このタイプを時短育成するにはどうしたらよいのでしょうか？

ポイントは**「すべて教えているよ」と伝えながら7割の説明でやめておく**ことです。微細な部分やイレギュラーケースは省略しましょう。

携帯の接客の例で言えば「こういう変わったお客様が来たときにはね……」とか「クレームになりそうなときはこうするんだよ」などと、イレギュラーなケースまで初期段階で説明してはいけません。

なぜなら、慎重派の新人の多くは、**情報量が多く理解しきれなくなると、「もっとしっかり覚えてからでないと実践に移せません」と、さらに行動を躊躇する**場合があるからです。

全部を教えていたら、行動させるまでにますます時間がかかってしまいます。まずはそれぞれのプロセスで必要なことを丁寧に押さえ「とりあえずこれだけ理解していれば大丈夫」と自信を与え、安心させることが肝要です。

このタイプの人には、いかに**レクチャーや練習段階で「できるかもしれない」という自信や安心感を持たせる**かが勝負です。そのためにも**「わからないことがあったら、ちゃんとフォローするからね」と直接伝えて安心させる**ことも忘れずに。

また、7割のレクチャー部分においても、事前にマニュアルを読み込むよう指示するなど、事前課題を出しておきましょう。疑問点をあきらかにさせて、一度のレクチャーで多くの情報量を確実に吸収できるような準備をさせるのが効果的です。

匠の時短質問

慎重型の新人が行動を躊躇しているとき

ここが理解できたら大丈夫だから、早速やってみない？

column

「とにかくやってみろ！」は逆効果

私が「新人に好みの教え方を選択させましょう」というと、「新人はお客様じゃないんだから、そこまで気を使う必要はない」と違和感を抱く人もいるのではないでしょうか。

たしかに、一昔前は「教えるほうが上」「教わる方が下」という構図が今以上にハッキリしていました。「上の者」が「下の者」に何かを合わせることなど、あまりなかったはずです。

その名残で、新人に対して「とりあえず、つべこべ言わずやってみろ！」と、まるで泳げない人をいきなりプールに突き落とすような行為をする指導者がいまだに多いようです。

その結果、コストをかけ採用したにもかかわらず、早期離職につながったり、場合によってはメンタル不調になって休職する人も出たりします。

指導者が相手に合わせることをせず「俺の背中を見て育て」「とりあえずやってみろ」という場当たり的な育成は、無計画かつ非効率な育成そのものです。このようなアプローチを続ける限り、早期に新人を一人前にするのは難しいと言えます。

今後はこのようなアプローチをやめ、新人の立場にたち、彼らが好む育成アプローチを採用するようにしましょう。いまよりだいぶ効率的な育成ができるはずです。

業務を分解して分けて教える

実践型か慎重型かというタイプに関係なく、新人の育成スピードを速める効果的な教え方があります。それは、**「分けて教える」**ということです。

教える側としては、「一気に説明して終わらせたい」「知っていることを全部吐き出して自分の仕事に戻りたい」という思いに駆られた経験が一度や二度はあると思います。時間に追われているときは特にそうでしょう。

しかし教わる側の新人は、多くの情報を一度に教わってもなかなか頭に入ってきません。効率を追求して、レクチャーを一気にすませようとすればするほど、実は非効率的な育成の道に迷い込んでしまうものなのです。

仮に、新人に教える仕事量がそれほど多くなければ、一度に教えることもできるでしょう。しかし、仕事のボリュームが大きいと、一気に知識を詰め込むのは難しくなります。そんなときは、指導者は、**教えるべき業務を分解し、順番に説明していくと習得スピードを速める**ことができます。

では、業務の分解はどのように行えばいいでしょうか。

例えば、携帯を買いにきたお客様への接客対応の業務を例にすると、前述のように、大きく5つのプロセスに分けられます。

接客の流れ(全体像)

1 アプローチをする
2 ニーズを把握する
3 プレゼンテーションをする
4 クロージングをかける
5 アフターフォローをする

この例では、接客の一連のプロセスが明確に存在するので業務を分割しやすいと言えるでしょう。

もし、仕事を分解しづらいと感じたら、無理やり3つに分けたり、5つに分けたりしてみると、分解のきっかけがつかめると思います。私は仕事の分解に困ったときは、自分に次のような質問を投げかけるようにしています。

「仮にこの業務を分けるとしたら、いくつに分けられるだろう？」
「仮にこの業務を3つに分けるとしたら、どう分けられるだろう？」

こう自分に質問を投げかけ、教えるべき業務を分解していくようにしています。

携帯電話ショップの例で説明すると、接客業務を分解してから、まず新人に接客の流れの全体像をつかませ、その上でひとつ、例えば「1　アプローチをする」についてのみレクチャーしていきます。

レクチャーを終えたら、すぐにその箇所をロールプレイングで試させ、気がついたことをフィードバックします。

「ちょっとお客様にアプローチをかけるのが早かったね」「あのタイミングではまだ声をかけちゃダメだよ」など、気づいたことを指摘して修正をかけていくのです。

それができたら次のステップに、例えば「2 ニーズを把握する」へと進み、同様にレクチャー、ロールプレイング、フィードバックを繰り返していきます。

このように、教える内容を分けて、ステップ・バイ・ステップで教えていくと、新人の迷いも少なくなり、育成スピードが格段に上がっていきます。

匠の時短質問

一気に業務を教えたくなってしまったとき

この業務は大きくいくつに分けられると思う？

手本を示すときは「見どころ」を教える

新人に業務を教える際に、手本を示して教える指導者は非常に多いです。それは、多くの指導者が「業務を新人に習得させるには、まずは手本を示すのが近道だ」と考えているからです。

この手本を示すという育成アプローチと、レクチャーを通じて教えるというアプローチは大変似ています。それは、一方的に情報を発信しているという点です。

手本を示している間は、伝えたい情報を一方的に発信し続け、新人にそれを一方的に見続けさせています。そして、なぜか多くの指導者は、新人に手本を一度示したら、「もうわかったはず」「理解したはず」と思ってしまいがちです。

しかしながら、いくら新人に**手本を示しても、本当に見てほしいところを見ているとは**

限らないのです。

例えば自身の営業先に新人を同行させ、「商談の様子を見せたい」と思ったとき、あなたなら何と言うでしょうか？

指導者はよくこう言います。

「お客様と私のやりとりをしっかりと見ておくんだよ」

しかし、「お客様とのやりとりをしっかり見ておくんだよ」という表現では、新人は、「ひとまず商談をしっかりと見ていればいいんだな」と、**ぼんやりと接客全体をただ眺めるだけになってしまいがちです。**

そして、こちらが見てほしい肝心なところを見ておらず、いざ新人に一人でやらせてみると実践できなかったりします。

そのような事態を回避するには、「しっかりと見ておくんだよ」ではなく、「お客様のニーズを把握する具体的なセリフをメモにとっておいて」と伝えるなど、見るべきポイントを具体的に指示しなければいけません。それが、業務の習得スピードを速めることにもつながります。

何かをやってみせるときは、どこに視点を定めればいいのかをはっきりと示した上で手本を示すのが効果的です。

そして新人がこの方法に慣れてきたら、**複数の見どころ**を伝えるようにしましょう。

例えば、携帯電話ショップでの接客では、多くの細かい記載内容が書かれた書類をお客様に説明するシーンがあります。初めてその接客シーンを見せる際は、育成担当者は次のように伝えます。

「いまから実際の接客を見てもらうけど、お客様に申込内容をご記入いただく際は、3つのポイントに注意して見てください。1つ目はサービスの適用タイミング。2つ目は解約に伴う違約金について。3つ目は支払い条件。まずは、この3つの説明のセリフを中心にメモをお願いします」

このように指示して手本を示したら、別途時間を作って「私をお客様と見立てて、先ほどの3つを意識して説明してください」といってロールプレイングを通じて3つのポイントの理解度を確認していきます。

手本を示すときは、見どころを先に教えてから実践させたほうが効率よくスキルが身につきます。「とりあえず見てね」だけでは手本を示したことにならないのです。

匠の時短質問

新人に手本を示すとき

○○さんが具体的に見たいポイントってどんな点かな？

「わかりました」の真偽を見抜く一言

新人に仕事を教えるとき、つい言いたくなるけれど、言ってはいけない指導者の禁句があります。それは**「わかった？」**というフレーズです。

「わかった？」と聞かれると、気の弱い新人やプライドの高い新人は、仮にわかっていなくても、つい「はい」と言ってしまいます。

ましてや「もうわかったよね？」とか「これでわかったでしょ？」と強く言われたら、「わかりません」とは言えなくなります。

新人は、「できない人だと思われたくない」「こんなに長く説明してくれたのに申し訳ない」「あとで調べればなんとかなる」などと思ってしまい、つい「はい、理解しました」

と言ってしまうものです。

ですから、**新人の「わかりました」を鵜呑みにしてはいけません。**

指導者は、常日頃、仕事に忙殺されていることが多く、新人の理解度までどうしても意識が及びにくいと思います。

また、「自身が説明すれば新人は理解するはずだ。わからないことがあったら質問してくるだろうから、そうしたらまた説明すればいい」と思ってしまう指導者も少なくないでしょう。

ところが実際は悲しいことに、指導者が想像している以上に、新人は指導者の話を正確に聞いていません。また、こちらが期待しているレベル以下の理解度であることも多いのです。

教える側が思う以上に新人は受動的です。教えてもなかなか理解してくれないものだと、最初から思っていたほうがいいでしょう。

それでは「わかった?」と聞かずに、新人の理解を確認するにはどうしたらいいのでしょうか？

簡単な方法があります。それは、仕事を教える前に、次のように前置きをしておくことです。

「レクチャーしたあとに、自分なりの言葉で内容を説明してもらうからね」

そしてレクチャーが終わったあとに、次のように伝えます。

「いま教えたところ、自分の言葉でポイントを説明してみて」

つまり、新人本人の口からレクチャー内容の重要ポイントを説明させるのです。

こうすると、新人のレクチャーの聞き方がかなり前向きに変わります。

レクチャーの内容を理解していればそれなりに説明できますし、わかっていなければあやふやな説明になります。

指導者は「教えたから全部できるはず」と思い込まず、「教えたことが理解できているか確認してみよう」というスタンスでいるのが適切です。

教えたことができないのは、新人の能力がないからだと早合点しないようにしましょう。

「例年の新人に比べて、今年の新人は飲み込みが悪い」と新人のせいにしたくなる気持ちをぐっと飲み込み、自身が教えた内容をしっかりと理解しているかを確認することが、結果としてスピーディーな育成につながります。

匠の時短質問

新人にレクチャーする前に

レクチャー後に、ポイントを整理して伝えてくれるかな?

「論理重視」か「気持ち重視」か 新人の特性を見極める

新人を効率的に育成する上で大切なのは、相手のタイプに合わせた指導だということはすでに述べました。

ここでは相手のタイプを見極める、実践型・慎重型とは別の視点をご紹介します。それは、次の2つのタイプです。

1 論理や事実を大切にするタイプ

印象はまじめで、堅い感じ

2 気持ちや人間関係を大切にするタイプ

印象はやさしく、やわらかい感じ

例えば新人が論理や事実を大切にする「1」のタイプの場合、その逆の要素である、気持ちや人間関係を察してコミュニケーションをとるのが苦手なことが多いので、その点をフォローするよう意識します。

ある優秀な理系の新人の例で説明しましょう。

その新人は論理と事実を大切にするタイプで、研修にも積極的に取り組み、すぐにでも高い成果を上げるだろうと思われていました。しかし一方で、チームに溶け込むことや、人の気持ちを汲み取ることに課題がありました。

さて、その新人の指導者はどうアプローチしたでしょうか。

彼の「素」が出せるよう、その新人のネタで笑いをとったり、飲み会で新人にツッコミを入れたり、新人が自己開示できるような環境を意識して作るようにしたのです。その甲斐もあってか、新人は徐々にまわりと打ち解け、周囲とうまく相談しながら仕事を進められるようになりました。

新人の苦手なポイントである周囲とのコミュニケーションのハードルを下げ、新人に居場所を作ることを意識した指導が、この例では功を奏したのです。

一方で、気持ちや人間関係を大切にする「2」のタイプの新人は、その反対の論理や事実をもとに仕事を進めるのが苦手な場合が多いので、その点を意識してフォローするようにします。

別の新入社員の例をご紹介しましょう。

チームの調和や人間関係をとても大切にし、多くの人からかわいがられている新人がいました。しかしその新人は、仕事がうまくいかなくなると、つい気持ちの側面ばかりに意識が行きすぎてしまう傾向がありました。

次のやりとりは、営業部に配属されたその新人と指導者の会話です。指導者がどのようなことを心がけているか、読み取ってみて下さい。

指導者：「最近、成績がいまひとつな感じだよね」

新　人：「こう見えても一生懸命、朝から晩まで頑張っているんです」

指導者：「たしかに頑張って営業してくれてるよね。具体的に、今週のアポイント件数は何件だった？」

新　人：「えっと……」

指導者：「カレンダーを見て、実際に数えてみて」

新　人：「6件です」

指導者：「6件だね。あなたの最高の頑張りが100点だとすると、今回の6件は何点なのかな？」

新　人：「70点くらいかなと思います」

指導者：「そこから、提案書と見積書を出せている企業は何件なの？」

新　人：「えっと……2件です」

指導者：「わかった。では、先月のアポイント件数ならびに提案書と見積書を出した件数を数値でまとめて、改善策と併せて報告してくれないかな？」

新人に「論理」や「事実」に意識を向けさせようとする指導者の奮闘ぶりを読み取っていただけたでしょうか。

このように、「私の気持ちをわかってほしい」と気持ち重視で迫ってくる新人には、事実や数値を問う質問を通じて、仕事を進めていく視点を理解させることが極めて大切です。

私たち指導者は、自分がどちらのタイプかに関係なく、どちらのタイプもフォローができるようにする必要があります。

匠の時短質問

論理重視でチームに溶け込めていない新人に居場所を作ってあげたいとき

〇〇さんも誘って一緒にランチ行きませんか？

気持ち重視で客観的になれない新人に冷静さを取り戻させたいとき

数字や事実を入れて説明すると、どうなるかな？

仕事を任せるときは強制的に質問させる

新人に仕事を任せる際に意識してほしいのは、指導者側が完璧に教えようと思わないことです。いくら丁寧に業務を教えても、伝えきれない部分や新人との認識のズレはどうしても出てきてしまうので、完璧を目指すのは無駄です。

そこでオススメしたい方法は、みなさんが新人に**「強制的に確認の質問をさせる」**というアプローチです。

例えば、あなたが新人に、依頼したい仕事を説明したとします。そこで、あなたは新人に次の質問をするのです。

「確認したいことを最低3つ言ってもらえるかな？」

このように、依頼する仕事のやり方を教えたら、新人に強制的に質問をさせ、理解度を確認し補足していきます。

完璧に教え込むなど所詮無理な話ですし、食い違いは必ず起きます。また、新人は丁寧に教えてくれた先輩に「わかりません」とはなかなか言いづらいものです。

新人の確認したいことに回答し終えたら、ダメ押しで次の質問を新人に投げかけます。

「まだ確認したいことがあるんじゃないの？」

こう促し、あとひとつ、2つ質問に答えれば、新人はかなり安心するでしょう。

質問があるのに言えないで一人で悶々と考え込んでしまい、依頼された仕事を効率よく進められない新人が多くいます。育成スピードを上げるには、**仕事が前に進められず、悶々としているアイドリング時間をいかに短くするか**が大切です。

私たち指導者は、質問が出ないように完璧に教え込もうという力をゆるめ、新人に疑問点を出させ、内容理解を促進させることに意識を向けるべきなのです。

ところで、新人に仕事を依頼したあとにも当然質問は出てきます。指導者は忙しいので、その都度パラパラと質問に来られるのも正直いって面倒です。

そこでオススメするのが、指導者と新人の双方がともに閲覧できる**「質問一覧表」**作成です（図1参照）。質問をリスト化し、解決できたものは○、未解決のものは×の印を新人につけさせて、質問の一覧表を常にアップデートさせていくのです。

新人と直接コミュニケーションを取れないときは、指導者であるあなたが回答をそこに書き込めますし、「この質問は隣の部署の○○先輩に聞いてみて」とコメントを残すこともできます。

何より新人の質問（疑問点）を一覧できるので、**何がどのレベルでわからないのか一目で把握できます**。もちろん、直接新人と相対して口頭で回答することもできるので、ツールをうまく使い分けながら育成を進められます。

図1　新人と指導者の双方がアクセスできる！　質問一覧表

新人は、質問（わからない点）欄に記入し、その回答状況に○×をつけます。アドバイス欄は、指導者がコメントを書く欄となります。

質問	回答状況	アドバイス
購買申請のやり方がわからなくて、困っています。	○	社内イントラの検索バーで購買申請と入れればリンク先が出てくるよ。
○○の対応について確認したいのですが、採用部門のどなたに聞くといいですか？	○	採用部門の○○課長に聞くといいよ。あなたをCCに入れて、私からメールしておきます。
派遣社員の方に○○について説明を求められたのですが、私からで大丈夫でしょうか？	○	本日、どこかで派遣社員の方に私から電話します。
代理店に対する○○についてのイレギュラー対応を求められて、対応方法がわからない状態です。	×	

まとめますと、仕事の依頼時は、レクチャー後に新人から強制的に質問を出させ、依頼後は、質問一覧表を活用して疑問点を解消するようにしましょう。

疑問点をうまく引き出し、回答することで、効率的な育成を進められます。

匠の時短質問

新人へ仕事を依頼する前

説明のあとに最低3つ、疑問点を質問してもらえるかな？

新人へ仕事を依頼したあと

疑問点が出たら、質問一覧表に記入してもらえるかな？

column

「丸投げ」は結局時間を浪費する

私たち指導者は、新人に丁寧に仕事を教えるべきところで、あまりにも仕事が忙しすぎ、早く自分の仕事をしたいという衝動にかられ、手元にある仕事を丸投げしてしまうことがあります。

私が新人の育成を初めて担当していたときのことです。他の業務も重なり四苦八苦しているところへ、上司からプレゼン資料の作成を依頼されたことがありました。その資料を作成するには、とある膨大な情報をパワーポイントにシンプルにまとめ直すという工程が避けて通れない状況でした。これは比較的簡単な仕事ではありましたが、多くの時間がとられてしまう作業でした。

私は当時とても忙しかったこともあり、次のような葛藤と向き合うことになったのです。

〝この時間がかかる仕事を、まるっと新人に振ってしまいたい！〟
〝でも本当はちゃんと教えないと、新人が育たない〟
〝だけどいちいち説明している暇はないんだよな〟

この誘惑に負けて、中途半端な説明だけで、新人に仕事を依頼してしまうことがありました。

結果はどうなったでしょうか？

出てきた資料は、私のイメージしていたシンプルな資料とはかけ離れた、情報量の多いプレゼン資料でした。「文字を少なく、シンプルに」と新人に伝えていたにもかかわらず、微妙な温度感が伝わっていなかったのです。

それから資料の改善を依頼したものの、とても時間がかかってしまい、最後は、自分が引き取ってしまいました。新人にも成功体験を味わわせることができず、双方ともにあまりよくない経験でした。

このように、仕事を丸投げしてしまったほうが、一見早く終わるように感じますが、やり直しロスが発生し、より時間がかかってしまいます。

やり直しロスが発生するくらいなら、仕事の説明に時間をかけたほうが、結果的に品質も効率もともによくなるということです。ぜひ、仕事を任せるときは、丸投げせずにゴールまでの道すじが見えるまで伴走してあげてください。

教える（ティーチング）と引き出す（コーチング）を同時に行う

みなさんはコーチングという指導方法を聞いたことがありますか。

簡単に言うとコーチングは、「指導者が知識やノウハウを教えて（ティーチング）育てる」のではなく「新人の頭の中にあることを引き出して育てる」指導方法です。

コーチングの手法は1990年頃からアメリカを中心に広まり、2000年くらいから日本でも経営者やマネジメント層に研修を通じて広がりました。今では多くの人が知るメジャーな指導法のひとつになっています。

新人に仕事を教えるときには、ティーチングだけでなく、コーチングをミックスさせると、指導する時間も少なくでき、早く一人前になるので、できる限り心がけるべきです。

コーチングでは「答えは相手（本書における新人）の中にある」という考え方をとります。

そのため、「そもそも新人に何も教えていない状況では、新人には答えがないため、何かを引き出すのは難しい」と思われがちです。だから指導者の多くは、引き出す（コーチング）は「新入社員には適用できない」と考えてしまうようです。

たしかに、何も蓄積がない新人に「コーチング」だけをしようと思っても無理でしょう。しかし、教える（ティーチング）と引き出す（コーチング）を併用することは可能であり、効果的です。

例えば、まず少しレクチャーしてから、次のようなフレーズを投げかけるのです。

「いま教えた中で最も重要なポイントは、どこだと思いますか？」
「いまお伝えした中で一番注意しなければいけない点は、何だと思いますか？」
「私が今一番伝えたかったことは何だと思いますか？」

教えた上で考えさせる。つまり、ティーチングした上でコーチングするわけです。ティーチングとコーチングをセットで活用すると、教えた内容をスムーズに浸透させることができます。また、相手に考えさせることもでき、効率よく成果につなげられる育成アプローチといえるのです。

匠の時短質問

レクチャーした内容について新人に考えさせたいとき

いま教えた中で最も大切なポイントはどこかな？

column

コーチングの注意点と誤解

コーチングの実践における最初の難関は、**コーチング中に教えたくなる衝動をいかに抑え、新人に考えさせる時間を持たせられるか**です。

コーチングを活用して新人から何かをうまく引き出そうと思っても、指導者は新人が直面する課題の解決策が手に取るようにわかってしまいます。そのため、ついつい自分がその解決策を教えたい衝動に駆られます。しかし、答えを先に伝えてしまっては、コーチングは崩壊してしまいます。

また最近は、コーチングの誤解による弊害も出てきています。

以前であれば指導者が新人を叱り飛ばすような場面でも、「コーチングの学習では引き出すことが重要」とか「相手を認めることが重要」と教わったがために、「叱ってはいけない」という強烈なブレーキがかかってしまうパターンです。

そのせいか「コーチングでは、新人を叱っちゃいけないんですよね?」「どういうときに新人を叱ればいいかわからないんです」という悩みを持つ指導者が以前より増えています。

コーチングの考え方として、相手を認め、相手から引き出すことは重要ですが、決して叱ってはいけないと言っているわけではありません。叱るべきところでは、コーチングとは関係なく叱るべきなのです。

もちろんその瞬間はネガティブな反応をされることもありますが、ちゃんと意図を持った適切な叱り方であれば、「言いづらいことを言っていただけてよかったです」「私のことをちゃんと考えてくださっていたのですね」というようにむしろ感謝されることも少なくありません。

叱り方については、第4章で詳しくご紹介します。

周囲を巻き込み、みんなで教える体制を作る

本書では、主に1対1で教えることを前提としていますが、同じ指導者一人で新人にすべてを教えるのは限界があると感じます。

ご存知のように、一昔前に比べると、現在の職場では仕事のスピードがより求められていますし、一人ひとりが抱える業務量もだいぶ増えています。

会社によっては、新入社員が入ってくると、「ＯＪＴ指導員」とか「メンター」と呼ばれる、専属の指導員や教育係がつく会社があります。昔はその人に任せておけばよかったのですが、いまはその指導員や教育係も残業規制がある中で、さまざまな業務に忙殺され、新人の育成に割ける時間もだんだんと少なくなってきています。

新人の育成時間不足を避けるためにも、一人の新人を複数の担当者で教え、フォローするというように、**教え手の負担を分散して、なるべく多くの人が関わりながら育成する環境を作る**ことが求められています。

現在の職場では、教える人が常に新人のそばにいられるわけではありません。**教え手がいないときでも、新人が困ったらフォローできる状態を作っておく**ことが大切です。

新人としてはいろいろ教わったあとでも、「ここを再度確認したいな」と、ふと思うことは多いものです。説明を受けているときに、腑に落ちない部分を質問しそびれてしまうこともあるでしょう。また、細かいことや例外のケースなど、まだ教わっていないことも意外と多いので、実践に移してみると壁にぶち当たることも多々あります。

そんなとき指導員や教育係がそばにいないとなると、仕事がそこで止まってしまいます。

スピーディーな育成に必要なのは、**あなたが不在時に生じる新人の疑問をいかに解消できるか**ということです。

私も新人を指導していたとき、もう少し教える時間をとらないとと思いつつ、会議が次々と入ってしまい、そうこうしているうちに出張に行かねばならず、なかなか新人と直接会えないことも多々ありました。

そんなとき、出張先に同僚から電話が入ったのです。「あなたが担当している新人がだいぶ暇しているように見えるけど、大丈夫か？」

私は、新人が時間を有効に使えるように仕事を適切に渡していました。しかし、入社当初はまわりの先輩に質問しづらいものだとわかっていたにもかかわらず、新人の疑問を解消してあげられるような対応はほとんど意識していませんでした。そのせいで新人は何をしていいかわからない状況に陥っていたのです。

私はそれから、このときの反省に基づいて、自分がいないときに質問したくなったときの対応をあらかじめ新人に指示しておくようにしました。

「もしわからなければ、メールで聞いてきて」

「困ったら電話かけてきて大丈夫だよ」

「この部分については、○○さんに聞くといいよ」

「この部分で困ったら、私以外の誰に聞けそうかな？」

そしてもし聞けそうな人がいなければ周囲の協力者に「いま、新人が○○の業務をやっているんだけど、今日私が不在になるので、もし困っていたら、新人に声をかけてもらってもいいですか？」と口頭で伝えておくようにしましょう。または、本人を除いたチームの全員に、協力のお願いメールを出しておくだけでも違います。

新人の業務をなるべくストップさせない、業務効率を下げないためにも、事前に周囲への協力依頼をしておくことはとても大切です。

また、もうひとつの方法は、新人が聞きたくなるだろうことを先回りして説明しておくことです。

このあと外出しなければならないとか、しばらく出張に出てしまうというときは、新人が現段階で困っていることや、この先つまずきそうな箇所を事前に確認しておくのが有効です。

「依頼していた集計の方法なんだけど、大丈夫かな？」

「業務を進める中で、○○部門との交渉が入りそうだけど、△△部門の誰に聞けばいいかわかるかな？」

「ちょっと先の仕事でもいいから、いま不安に思っていることある？」

このように質問してみると、

「予算が200万円以上かかるので、購買部を通さなければいけないのですが、その手続きを実はやったことがないのです」

「○○の部分が実はよくわかっていません」


といった答えが返ってくるかもしれません。

そうすれば「それは○○さんに聞いたらいいよ」「方法が記載されているリンク先を送っておくから水曜日の夕方に電話してもらえるかな？」というように指示を出せます。

このように**新人が悩んで悶々としているアイドリング時間を極力短くして**、質問できない状況を乗り切る方法を教えましょう。

匠の時短質問

外出や出張時の新人の疑問点の対応について伝えること

疑問点は、毎日17時までにメールで送ってもらえるかな？

外出するから、疑問点は、○○先輩に聞けるかな？

column

仕事の囲い込みは指導者と新人の成長を阻害する

あなたは、自身の大切な仕事を、新人の成長のために手渡すことができていますか?

教える側がやってはいけないのは、自らの仕事を手放さずに仕事を抱え込んでしまうことです。

「この仕事はいろいろとメリットがあるから、ずっと自分が担当したい」とか「新人に自分が追い越されたら嫌だから、少しずつ仕事を出していこう」など、さまざまな理由で新人にさせるべき仕事をさせない先輩社員が意外といます。そういう人は自分で仕事を生み出せないタイプが多いので、いま持っている仕事を手放せず、しがみつくことになるわけです。

言うまでもなく、その行為は新人の成長の機会を奪います。

私が在籍していたソフトバンクは、既存の仕事をブラッシュアップするのは当たり前で、そこからいかに新しいものを生み出していくかに、より価値を置く会社でした。新しいものを生み出すことに、時間をどれだけ割けるかが常に問われるのです。それには既存業務を効率化しながら、若い者に適切に仕事を渡していくしかありません。その結果、指導者自身も成長していくことができたわけです。

仕事は抱え込まずどんどん手放して、新人を計画的に育成支援していく。それを実践するのが指導者の役割です。

第2章

早く自分で育つように新人を「体質改善」する

同じように教えても、早く一人前になる新人と、そうでない新人とがいます。後者には「そもそも成長しにくい」要因があることもあります。まずはそれを取り除き、「自ら育つ」体質にしておくことで、成長の速度は上がり、指導者の負担は減ります。本章ではその具体的な方法を解説します。

5W1Hでメモをとらせる

指導者は日々とても忙しく、新人の育成だけにかまっていられません。多岐にわたる業務をこなしながら、その一部として新人の育成業務を担っています。そのような忙しい環境の中で、新人に何度も同じ質問をされてはかないません。

しかし、新人は指示された内容を整理しきれずに、先輩に何度も同じ質問をしてしまうことも少なくありません。「同じことを何度聞くんだ」と怒られた挙句、だんだんと先輩に質問しづらくなってしまうことがあります。

そうすると新人は、あなたの目にしていないところで悶々と考え込んで、時間を浪費してしまう可能性があります。これでは、早期の育成は難しくなります。

指導者が意識しなければいけないのは、育成に関わる非効率な要素をできるだけ事前に排除しておくことです。

新人の育成スピードを速め、指導者の負荷を軽減するためのアプローチのひとつとして、**新人に適切なメモをとらせる**方法が挙げられます。なぜなら、一回教えたことをまた聞き直されると、教える側の育成効率が落ちるからです。

もし新人に、メモをとる様子がない、あるいは、ペンやメモ用紙、ノートそのものを持っていないような場合は、すぐに次のように伝えてください。

「必ずメモをとってください」
「いつでもすぐにメモを出せるようにしてください」
「教えてもらう側がメモをとるのは最低限のマナーです」

このように準備の態勢を整えさせた上で、次にメモのとり方についても教えておきます。

育成の負荷を軽減するためには、**5W1Hの視点でメモをとらせる**ことが効果的です(図2参照)。

メモの視点：5W1H

「When」（いつ）
「Where」（どこで）
「Who」（誰に）
「What」（何を）
「Why」（なぜ）
「How」（どのように）

入社して1ヶ月ぐらいまでは、実際に書いたメモを見せてもらい、抜け漏れや認識の違いがないかどうかをチェックするようにしましょう。そして、必要に応じてその場ですぐに修正させ、メモを正しくとる習慣をつけさせるようにしましょう。

例えば、指導者であるあなたが新人に「今日中にこれをお願いします」と伝えたにもかかわらず、新人が「今日中」とメモに記入し、その具体的な時間を確認する様子がなければ

図2　育成の負荷軽減につながる！　簡単なメモのとらせ方

指導者の依頼に対して、新人が5W1Hでメモをとる際の例

項目	聞き取った内容
いつ **When**	今日中 ← ポイント 具体的な時刻の確認を新人に促す
どこで **Where**	課内会議
誰に **Who**	課員全員
何を **What**	下期の業務計画について
なぜ **Why**	キックオフで課員に業務内容を周知するため
どのように **How**	資料1枚で数字を用いて説明してほしい

ば、「今日の何時までか、わかってる?」と具体的な時刻を質問し直すように促します。

また、あなたが「これ、会議で使うから印刷しておいて」と新人に伝え、詳細を確認する様子がなければ、5W1Hの細かい抜け漏れを指摘し、すぐ次のように確認し直すよう新人に促します。

「どこの会議で使用するか、わかっていますか?」
「片面印刷か両面印刷か、わかっていますか?」
「何部印刷するか、わかっていますか?」

なお、せっかくメモをとっても、どこに何が書いてあるか見つけられない新人もよく見かけます。「○○のメモを出して」と言ってもすぐに出てこず、「書いたんですけど……」と言ってあたふたしているケースが多くあります。

メモをとるだけでなく、とったメモをしっかりと整理しておくように指導しておきましょう。すぐにノートを見直せるように、日付、お客様名、場所、参加者などノートに記載するよう徹底させます(図3参照)。

図3　探しやすいメモの残し方

図4　緊急時用のメモノート

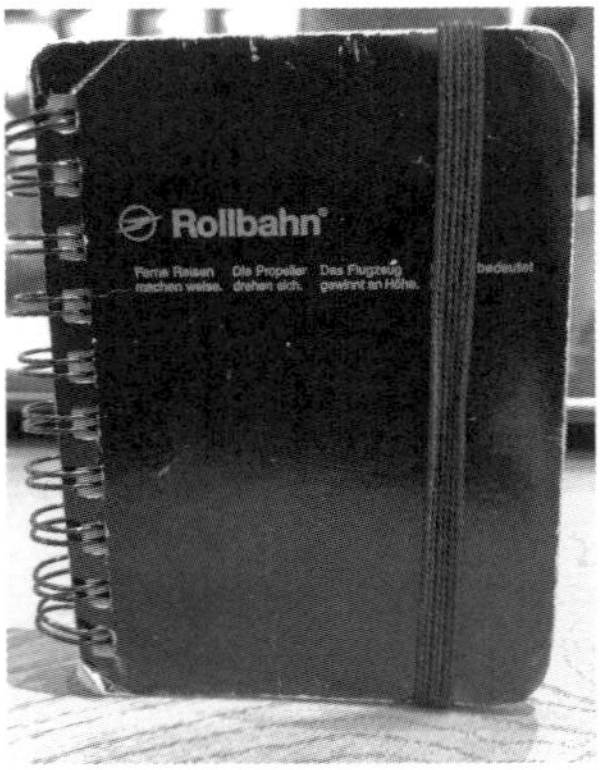

胸ポケットに入るサイズのもの
（横82mm、縦105mm、厚み15mm）

また、突如やってくるメモのタイミングにしっかりと対応させることも重要です。例えば、先輩と一緒にランチに行ったときや、上司と一緒に廊下を歩いているときなど、突如、仕事の依頼やアドバイスを受けるシーンはやってきます。そんな緊急時にもメモがとれるように指導しておきましょう。

私のオススメは、緊急時用に名刺サイズのメモを常に携帯しておくことです。

このように、メモを適切にとらせ、あとでもう一回説明し直さなくてもいい状態にすることが、育成の時間と負荷の軽減につながります。

そして新人にとっても、自ら主体的に質問し、メモをとることは、より早い自立へ向けたファーストステップとなります。

匠の時短質問

新人に一通り指示を出したあとに確認を促すとき

この場で確認したい抜け漏れや曖昧な点はあるかな?

column

メモをとると、みんなから助けてもらえる

育成において新人にしっかりとメモをとらせるメリットは2つあります。

ひとつ目のメリットは、先にご紹介したように、育成の負荷を軽減できる点です。メモを正確にとらせることで仕事のやり直しが少なくなります。ただし、メモの精度が落ちると、何度も確認が発生し、育成スピードが落ちてしまいます。

2つ目のメリットは、**新人がメモをとる姿を相手に示すことで、その相手に自己重要感を感じてもらえる**ことです。

新人がメモをとりながら真剣に聞いていれば、忙しい中で新人にアドバイスをする指導者も、その姿勢を見てイライラが少し緩和され、「自分のアドバイスが参考になっているようだ」と自己重要感も高まるでしょう。そして、指導者にアドバイスを

してよかったと思ってもらえれば、またアドバイスしてくれる可能性が高まると言えます。

新人にメモをどのようにとらせるかも大切ですが、育成環境を作っていく上で、育成してくれる相手に敬意を払うことは、とても大切です。

新人には決して、忙しい中でアドバイスをくれる先輩方の話を適当に受け流させてはいけません。「雑に聞くような新人には積極的に教えたいという気持ちは湧いてこない」としっかりと伝えてください。

〝アドバイスしたくなる新人〟、〝関わりたくなる新人〟になっていけば、結果として育成スピードが上がっていきます。

メモをとる行為は、教える側、教えられる側双方にとって有効な潤滑油になるのです。

正しい業務報告の作法を教える

新人は毎日のように、指導者である上司や先輩に、業務の報告をすることになります。この何気ない業務報告を、指導者は侮ってはいけません。

慣れないうちは、新人も考えをうまく整理できず、報告の抜け漏れも多くなります。また、上司や先輩の前ではどうしても緊張してしまいます。

例えば、次のような報告のシーンに遭遇したことはありませんか。

新人：「今、よろしいですか？」
上司：「いいよ」
新人：「新規のキャンペーンの件なのですが、4月に入ってからやる予定で検討していたのですが、先日の他部署との会議の結果、すぐにでもやっていこうという話になりました。このまま進めようと思っていますが、よろしいでしょうか?」
上司:「あのさ、何の新規キャンペーンかわからないし、他部署との会議内容もわからない! しっかり整理してから報告に来なさい!」

熱意は伝わってくるけれど、何が言いたいのかさっぱりわからない。これは、新人を育てる人なら誰もが、育成の初期段階で、新人の業務報告に感じるイライラだと思います。

多くの指導者は忙しさもあり、業務報告の仕方を丁寧に指導したり、いちいち直したりすることがあまりないようです。

しかし、業務報告の基本を新人に叩き込むことは、新人を「自分で育つ」体質に改善する上でとても大切です。というのも、**業務報告は頻繁にあるので、指導する場面が必然的に増え、結果として新人に変化を起こしやすい**からです。

そして適切な業務報告の訓練を数多く踏むことで、報告を受ける時間も短縮され、結果として時短育成につなげられます。

さてその指導方法ですが、「整理してから来なさい！」というだけではダメです。特に入社初期段階は、時間を与えて考えさせても、自分一人で考えて劇的に良くなることはまりありません。

最初の何回かは、こちらから先手を打って質問を投げかけ、効率よく新人の報告を整理してあげるのが有効です。

新　人：「今よろしいでしょうか？」
あなた：「いいよ。何についての報告？」
新　人：「春のキャンペーンについての報告です」
あなた：「何の春のキャンペーンか、言ってもらわないとわからないな」
新　人：「そ、そうですよね。新規来場者向けの春のキャンペーンの報告です」
あなた：「**春のキャンペーンの、何についての報告なの？**」
新　人：「えっ、えっと……春のキャンペーンの実施可否についての報告です」
あなた：「**結論を一言でいうと？**」

新　人：「春のキャンペーンをやるべきだと考えます」

あなた：「そうなんだ。理由は何点ある？」

新　人：「えっと、そうですね……3つです」

あなた：「**それぞれ簡潔に教えて**」

新　人：「ひとつ目が……、2つ目が……、3つ目が……です」

あなた：「なるほどね。**何か、進める上で気になっていることある？**」

新　人：「実施時期について少し不安です」

あなた：「なにかあった？」

新　人：「4月に入ってからやる予定で具体的に検討していたのですが、先日の他部署との会議の結果、すぐにでもやっていこうという話になりました。このまま進めようと思っているのですが……」

あなた：「変更の理由は？」

新　人：「……という理由です」

あなた：「わかった。こちらでも少し考えるから、ちょっと待ってて」

このように、多少強引でも、入社して1ヶ月くらいまではこちら主導で質問して、何をどのような順番で報告させるべきなのかをトレーニングしながら覚えさせましょう。

その際の指導上のポイントは3つです。

業務報告　3つのポイント

1　論点から報告させる
2　結論を簡潔に述べさせる
3　根拠を構造化してわかりやすく説明させる

まず1の「論点」から説明します。論点とは、考えるべき点、答えるべき点のことです。つまり、何の報告なのか具体的に問うことが大切です。

新人は、結論から言わないといけないと思うがあまり、勢い余って抽象度が高い論点で報告し始めることがよくあります。

例えば「春の新規来場者向けのキャンペーンについて報告します」と新人が言ってきても、これだけでは、春の新規来場者向けキャンペーンの何を報告したいのかがわかりません。

先の例では、春の新規来場者向けのキャンペーンについて、やるべきか否かという論点を質問によって引き出しています。

なお論点は、疑問形で報告させると、わかりやすくなります。

2の「結論」については、「実施するべきです」とか「実施すべきではありません」など、簡潔に一言で言うクセをつけさせましょう。もしそうでなければ指導者は「結論を一言で言うと？」と質問します。

3の「根拠の構造化」については、先の例では「理由は何点ある？」という質問がそれに該当します。例えば、新人がその質問に「根拠は3つあります」と答えると、指導者は、「根拠は全体で3つあるんだな」と根拠を構造化して捉えられます。

このように、新人の入社初期段階では、先手で質問して新人の情報をこちらが整理します。これを繰り返して業務報告の型を身につけさせ、新人自らが説明できるようにしていきます。そうすることで新人を「自ら育つ」体質に改善でき、結果として時短育成につなげられるのです。

匠の時短質問

新人の業務報告で、熱意は伝わるが、何が言いたいかわからないとき

①まず、何の報告か一言で言えるかな？
②では、結論を一言で言うと？
③ところで、根拠は全部で何点あるの？
④結局、あなたはどうしたいの？

「助けて」「教えて」と言うことがチームへの貢献になると理解させる

指導者の共通の悩みに、「新人から困っていることや、わからないことをスムーズに打ち明けてもらえない」という点があります。

ギリギリになってから、あるいは取り返しのつかない状況になってからでないと、新人がＳＯＳを出せないケースが意外とあるのです。

新人は、困っていることやわからないことを放置しておくと、この先どんな悪影響につながるのかイメージできないので、つい先延ばしにしてしまいます。

「こんなつまらない質問をしたらきっと怒られるだろう」

「こんなことを言ったら、きっと、できないやつだと思われるに違いない」

「他の新人と比べられて、ダメなやつというレッテルを貼られてしまう」

など、いろいろなことを想像して、相談や質問を躊躇してしまうのです。この状態を放置していては「自ら育つ」体質に改善できません。当然、時短育成とは程遠くなってしまいます。

そうならないようにするには、指導者が新人に**「助けを求めることは、恥ずかしいことではないよ。みんなで成果を出すために必要なこと。躊躇するのはおかしいよ」とはっきり伝える**ことが大切です。

指導者は、新人に「質問や相談を通じて仕事を前に進めることは、チームへの貢献になる」という思考を持たせましょう。

「進め方がわからない」「業務がうまく理解できない」というSOSが発信できないタイプは、どちらかというと人の目を気にしたり、失敗を極度に恐れたりする慎重派に多く見受けられます。また、プライドが高く、大きな失敗をしてこなかったタイプも、質問や相談ができず、一人で悩みを抱えてしまったりします。

こういうタイプは、「もう少し自分で調べたら、誰かに聞かなくても済むのではないか」「周囲からできないやつだと思われたくない、なんとか自分で完結したい」と考え、問題を先延ばしにしてしまうのです。

もちろんわからないことを自分で調べることも大事です。しかし、**誰かに聞けばすぐわかることを2時間かけて調べている人は、時間コストという視点に欠けている**と言わざるを得ません。

こんなときいつも私がとるスタンスは、**「同じことを何度も言わせるのも怒るけれど、わからないことを放置して時間を無駄にしたらもっと怒るからね」**というものです。常日頃から「困っていることを言わないで放置するのが最もダメ。すぐに報告、相談してほしい」というメッセージを伝えるようにしています。

なお、新人が自分からどんどん質問をするのはいいことなのですが、かといって、全く自分で調べようとせず、すぐ人に頼る姿勢もほめられたものではありません。自分の考えを持って、相談や質問に来ることも合わせて教えましょう。

新人には、「相談や質問をするのはいいけれど、少なくともノーアイデアで来るものじゃない。『私の考えはこう思うのですけれど、どうでしょうか』というように、自分でも考えてから来てください」と指導すべきです。

匠の時短質問

わからないことを放置している新人に対して伝えるとき

疑問点を放置すると、チームに迷惑がかかるのはなぜかな？

相談するのが苦手な新人への対処法

長年新人と接していると、教わり上手な新人と教わり下手な新人という2つのタイプが存在することに気がつきます。

前者は、周囲からうまくアドバイスをもらいながら、良い成果を出していくタイプです。後者は、周囲からの助言をうまくもらえない、あるいは、もらおうとしないタイプです。

私はあるとき、自信満々の新人A君に質問しました。「なぜ全部自分でやろうとして、もっとまわりの人に頼ろうとしないの？」

A君の答えはこうでした。

「自分一人でやろうとするのが、なぜいけないんですか？　だって、まわりに頼ったら負けじゃないですか。一人で対応できない人というレッテルを貼られるのは絶対に嫌なんです」

私は、別の新人B君にも同じような質問をしてみました。そのB君は、A君とは少しタイプが異なり、あまり自信がないタイプの新人でした。

私　:「業務を進める際にあまり自信がなかったら、もっとまわりに頼ってみたら?」

B君:「もっと頼りたいのですが、なんか先輩方は忙しそうで、申し訳なくて……」

このようにタイプは違っても、新人のころはまわりの先輩に頼ることを苦手に感じる新人がとても多いのです。頼ることは、「できない自分を認めること」であったり、「迷惑をかけること」などと思っているわけです。

ですから、指導者の私たちが新人に理解させるべきなのは、**周囲に頼ることの意味です。その意味とは、周囲を適切に巻き込むことで、仕事を前に進め、より高い成果を出す**ということです。

では、その意味を理解させた上で、新人A君には、具体的にどんなアドバイスをしたらいいでしょうか？

例えば、A君には、「人に頼ることは負けることではないよ。うまく人に頼って、より良いものができるなら、そのほうが仕事の依頼者やお客様はもっと喜んでくれて、あなたをさらに評価してくれるのではないかな？」というアドバイスが考えられます。

それに添えて「頼られた人も、自分のアドバイスを活かしてうまくいったらうれしいと思うものだよ」などと伝えるといいでしょう。

一方、B君には、「相談すると迷惑をかけてしまうと思っているみたいだけど、頼るべきときに頼らず、最後に仕事の品質が落ちたらもっと迷惑をかけるのではないかな？　良い仕事をするためにも、怖がらずに積極的にコミュニケーションをとるべきだよ」というニュアンスで伝えてください。

最後に、周囲の先輩に相談したり、アドバイスをもらう際に有効なフレーズがあるので、相談することが苦手な新人がいたらぜひ教えてあげてください。

「○○の役に立ちたいので、教えていただけないでしょうか？」

このような仕事への思いを伝える頼み方は、受け取る側にアドバイスをしたくなる気にさせます。

新人でも、仕事への思いは十分に伝えられます。私が営業時代に、優秀な新人が私にアドバイスを求めてきたことがあります。

「○○店の仲間が集客ですごく悩んでいるんです。うちの店舗は集客がうまくいっているので、何か役に立てると思ったんです。仲間が作成したＰＯＰなのですが、見ていただけないでしょうか？」

とにかく一生懸命、仲間のために頑張りたいという思いが伝わってきて、こちらもアドバイスしたくなりました。

一人でできる仕事など、たかが知れています。新人の頃から、少しでも多くの先輩方の助言をうまく引き出し、より高い成果を出せるように指導してください。

匠の時短質問

周囲にアドバイスを求めるのが苦手な新人に対して

誰かに頼るのは良くないことだと思ってないかな？

挨拶とお礼の基本を教える

新人を育てるにあたり、意外と重要なのが**「ものを教わる態度や心構え」**を教えておくことです。これは別の表現をすると、**「人が教えたくなるような教わり方」**を教えるということになります。

新人を指導する先輩や上司は、職場で新人をしっかりと育成したからといって、それだけで自分が高い評価を得られるわけではありません。新人に業務を教えたり、相談に乗ったりなど育成に関わることは、ある意味当然の役目です。人によっては、新人育成は、そもそも見返りなどを求めるものではなく、ボランティアで関わるべきものだと捉える人もいます。

だとすると、教える側も人間ですから、教わる側の態度次第では教える気が薄れてしまうこともあるわけです。

そこで、「教えたくなるような新人」に育てるためのアプローチを、3点に分けて説明します。

1点目は、先ほどご紹介した、説明を受けるときに**メモをとる習慣を身につけさせる**ことです。

そして2点目は、**感謝を示すこと**です。教えたことに対して感謝できる新人とできない新人では、どちらが教えたくなるでしょうか？　言うまでもありませんが、しっかりと感謝を示してくれる新人にはいろいろと教えたくなるものです。この点を新人にぜひ伝えてください。

3点目は、**先手を打って挨拶やコミュニケーションをする**ことです。つまり**挨拶を自分から「とりにいかせる」**のです。

例えば、多くの新人は配属された当初こそ、大きな声で挨拶しますが、しばらくすると少しずつ挨拶しなくなってしまいがちです。挨拶の手本を示すべき上司や先輩がそもそも挨拶をあまりしないという理由もありますが、たとえそうだとしても、新人には先手先手で挨拶をし、積極的にコミュニケーションをとるように指導するべきです。

挨拶ができ、積極的にコミュニケーションをとってくる新人をあなたは無下になどできるでしょうか？

もし新人が「挨拶なんてしようがしまいが、仕事ができていればいいんじゃないか」とか「自らコミュニケーションをとる意味ってどこまであるんだろう？」と思っているような様子を感じたら、すぐに誤解を正すべく指導してください。

「多くの人にどんどん挨拶して、コミュニケーションをとって、たくさんの方にあなたの名前を覚えてもらうといいよ」

「挨拶を通じてコミュニケーションをとり続けることで、困ったときに周囲の先輩が助けてくれるものなんだよ」

また教える側からすると、挨拶に加えて、ちょっとしたコミュニケーションをとってもらえるとうれしいものです。

例えば「おはようございます」「こんにちは」などの挨拶のあとで、

「この前は○○について教えてくださり、ありがとうございました」

「先日はお時間をいただき、ありがとうございました。またいろいろと教えてください」

「先日教えてもらったことを早速やってみたら、すごくいい反応だったんです」


などの言葉を添えられると、「じゃあ、また教えてやろう」と思うものです。

そうすることで、新人は引き続き教えてもらえる関係を維持しやすくなります。新人がその関係を継続できるかどうかは、新人の教わり方次第という面もありますが、そこはその重要性について指導者がしっかりと教えられるかという点にかかっています。


教わる側の新人が「上司には教える義務があるんだから、自分は教えてもらって当然だろう」などという態度では、早晩教えてもらえなくなります。

もし、あなたの担当する新人が別の先輩方から何か教わった際には「教えてもらって当然だと思わないほうがいいよ」とか「引き続きいろいろと教えてもらえるように、お礼を伝えておくといいよ」と伝えてください。

そうすることで、教える側も気持ちよく教え続けることができ、新人の育成に多くの方が関わってもらえるのです。

匠の時短質問

挨拶やお礼がなっていない新人に伝えるとき

どんな挨拶やお礼だと、もっと面倒をみたいと思う？

上司の指示にはとにかく「Yes」と言わせる

指導者が「この新人にはもっと教えてあげたい」と思う新人の特徴には、挨拶やお礼のほかに、どんなものがあると思いますか？

そのひとつが、指導者の指示に、まずポジティブに反応することです。

入社当初だけでなく、継続して **「上司や先輩から何か指示をいただいたら、まずは瞬時にポジティブに受け止めてください」** と指導をしてみてください。これは教わる側の心構えを身につけさせることを意味します。

新人もだんだん仕事に慣れて、職場にも馴染んでくると、上司や先輩からの指示に対して、次のようなネガティブな反応を示すことがあります。

「一人でやってみてと言われましても、まだ教わってないですし……」
「その仕事を担当しますと、ただでさえ厳しい残業時間が増えてしまうのですが……」

われわれ指導者側も、そんな不満を漏らす新人を見ていると、育成に対するモチベーションが徐々に下がってしまうものです。この状態は、双方にとって実にもったいないことです。

私は新人を服従させてほしいと言いたいわけではありません。ただ、周囲の先輩が何か伝えたら、いったんは笑顔で「わかりました」と明るく受け止めさせたいのです。

その上で、「実は、まだ一人でやったことがないので不安なんです」など、自分の気持ちを吐露すると、指導者も新人の話に素直な気持ちで耳を傾けるようになると思うのです。

この習慣を身につけさせる、効果的な方法があります。それは、**第三者を引き合いに出して、それとなく伝える**のです。

例えば、隣りの部署の新人A君を引き合いに出して、反面教師にさせるのです。A君が上司の指示をネガティブに受け止めたシーンをあなたが新人と一緒に見たとしましょう。指導者であるあなたは、新人に、そっと小声で教えます。

「あの反応どう？　あれじゃ、だんだんと仕事が来なくなるよね。上司や先輩からの指示は、まずポジティブに受け止めないとね」

他人を引き合いに出す際には、会話の内容を指導者と新人のあいだだけにとどめておく必要がありますが、このアプローチは大変効果があります。なぜなら、新人自身は、指摘されたA君のようにはなりたくないので、指摘内容がすんなり頭に入ってくるからです。

そして、新人にとって同期入社の人たちは仲間でもあるけれど、同時にライバル関係にもあります。「人のふり見てわがふり直せ」という指摘は効果的です。

匠の時短質問

上からの指示を素直に受け止められない新人に伝えるとき

上からの指示を明るく受け止めるメリットは何だろう？

自分に何が求められているのか、粘り強く確認するクセをつけさせる

新人が入社して半年ほど経ったころ、私が参加する会議で、新人がプレゼンテーションする機会がありました。プレゼンは無事終了したのですが、とある別部門の方が会議終了後に新人の所にやってきて、次のようなことを伝えました。

別部署の方：「もう少し見やすい資料を作ってもらえないかな？」
担当の新人：「はい、かしこまりました。次回、気をつけたいと思います！」

あなたがもし、このようなシーンに出くわしたら、新人にどう指導をするでしょうか？
このシーンで新人に伝えなくてはならないのは、他部署の方の**表面的な言葉を理解するだけでなく、相手が求める期待値や要望を積極的に確認すべき**ということです。

「自ら育つ」体質に改善するには、新人自らに、自分が求められていることは何かを正確に知るために、粘り強く確認する癖をつけさせなくてはなりません。

要望を聞き返すのは、新人にとって勇気のいることでもあります。しかしその恐れを克服し、依頼者のために正確に要望を把握するのだという強い思いを持たせなくてはなりません。いつまでたっても要望が把握しきれないと、修正が多くなり、より多くの時間がかかってしまうのです。

もちろん、言葉で情報をやりとりする以上、お互いの認識にズレが生じるのは当たり前です。ですが、なるべく1回で依頼者の要望をつかめるように指導してください

例えば「もう少し見やすい資料を」という要望は、漠然としています。「何をもって見やすいというか?」は、人によって認識が異なります。「円グラフから棒グラフにする」ということかもしれませんし、「メッセージをもっとシンプルにする」ということかもしれません。

ついつい新人は、先輩からの突然の指示に驚いてしまい、「かしこまりました」と反射的に答えてしまいがちです。しかし、「見やすく」という言葉の意味はいろいろな捉え方があるので、額面通り受け取ってしまってはいけないのです。

では、どのようにすればよいのでしょうか?

「少しメッセージが多すぎましたでしょうか?」

「グラフを多用しすぎたでしょうか?」

「色がカラフルすぎたでしょうか?」

このように、こちらの仮説を投げかけてみて、相手の明確な要望を探ることが大切です。

そうすると、相手も「その通りだよ」とか、「違うよ、あの場合は、円グラフより棒グラフにしたほうがいいと思うよ」など、アウトプットのゴールイメージをより具体的に話してくれるのです。

このように、**新人自ら仮説をともなった質問を相手に投げかける**ことはとても大切です。仮説は、自ら考えなければ立てられないので、主体的な人材を育てるのに最適です。なかには、「このような小さなことを意識することに意味があるのか」と思われる方もいらっしゃるかもしれません。しかし新人に考える時間を積み重ねさせることが、一人前への近道なのです。そもそも、まとまった育成の時間をとれないからこそ、小さな時間を積み重ねる必要があるのです。

匠の時短質問

新人の依頼者に対する要望の確認が不十分だったとき

依頼者の要望をより正確に把握するには？

会社の行動指針を意識させると適応スピードが速まる

新人を「自ら育つ」体質に改善するには、会社の行動指針を理解させることも大切です。会社が大切にしている行動が理解できれば、その分、主体的に行動できる可能性が高まります。

例えばチャレンジを求められる会社で、必要以上に慎重すぎる行動をとってしまう新人は、組織に適応しづらくなる可能性があります。そんなときは、指導者が新人に**会社の行動指針を意識して行動する**ように指導することで、組織への適応スピードを格段に速められます。

私が在籍していたソフトバンクでは、ソフトバンクバリューという行動指針があり、

「No.1」「挑戦」「逆算」「スピード」「執念」という5つが掲げられていました。

私も新人を指導する際には、この点を意識して質問を投げかけていました。質問を投げかけるタイミングは、新人が会社が求める行動指針とそぐわない行動をとったときです。

私が経験した例を紹介しましょう。

例①

私　：「それでは、企画書の作成をお願いします」

新人：「2週間ぐらいお時間いただけますか？」

私　：「会社が求めているスピード感だと、最短でどのぐらいで提出できそうかな？」

新人：「1週間でやってみます」

例②

新人：「こちらの企画案でいかがでしょうか？」

私　：「なかなかいいね。ちなみに、No.1のレベルの企画に引き上げるには？」

新人：「少し考えてみます」

このように会社が求める行動指針を問いかける質問も、やりとりにそれほど時間はかかりません。

ポイントは、会社が求める行動指針を一日も早く身につけさせるために、**毎日繰り返し行動指針を問う質問をしていく**ことです。

ひとつの質問を愚直に積み重ねていく、地道な努力が求められます。なぜなら、**新人の行動を習慣化させるには、ある程度の時間が必要**だからです。ストラップに行動指針を書いた紙を入れるだけでは、行動の変化は生まれにくいのです。

また毎日の質問は、会社が大切にする行動指針を思い出させるリマインド効果にもつながります。

あなたの会社には、どんな行動指針があるでしょうか？

もしくは、あなたの仕事のポリシーとして、どんな行動指針を大切にしているでしょうか？

それらの大切にすべき行動指針を新人に伝え、毎日の質問リストにぜひ付け加えましょう。新人の会社への適応は格段に速くなり、早期に活躍できる人材になることでしょう。

匠の時短質問

新人が会社の行動指針に沿った行動がとれていないとき

会社の行動指針を考えると、どう行動すべきかな？

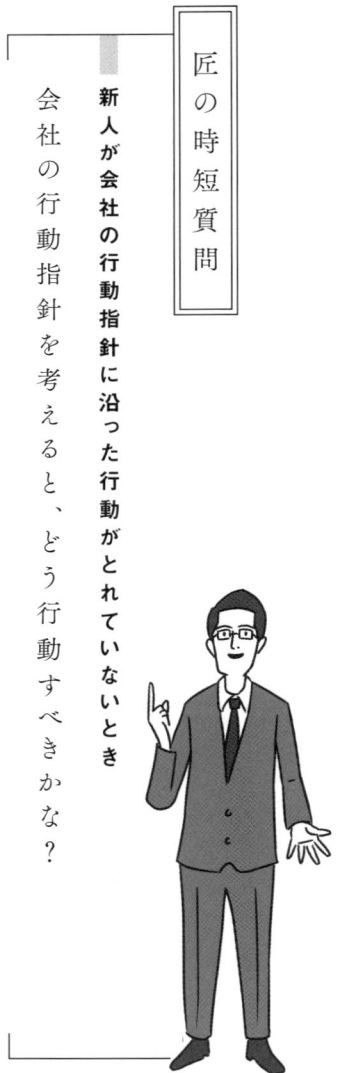

第3章

10秒で新人を伸ばす質問術

新人を早く、自分で考えて動ける戦力にしたいなら、指導者は育成に時間をかけるのではなく、むしろ減らすことが求められます。効果的な質問が、それを可能にします。この章では、忙しい指導者でも行える、10秒で新人を伸ばす質問術の具体的な方法を解説します。

立ち話の10秒で新人を成長させる

「立ち話の10秒で新人を成長させる」と聞いて、「そんなこと本当にできるのか？」と思った方、それは正しい感じ方だと思います。

しかし、「はじめに」や「第1章」で少し触れたコーチングの手法、そのなかでも「質問スキル」を活用すれば、それは可能です。

私はソフトバンクに在籍していた当時、毎日毎時間、苛烈とも言えるスピードの中で仕事をしてきました。膨大な人数の新人育成の仕事以外にも、さまざまな仕事のオーダーが飛び交います。

だからと言って「お手上げです」と泣き言を言うわけにもいきません。必然的に、新人の育成も、なんとかやりくりして捻出した短い時間、細切れ時間に勝負をかけざるを得ません。目の前にある10秒を大切に活用するしか、育成の道がないわけです。

どうすればその短い時間で、効果的な指導ができるか。

試行錯誤の果てにたどり着いたのが、「時短質問を活用して、10秒で新人を伸ばす」というアプローチです。

このやり方は、私の指導時間と手間を大幅に軽減させました。

と同時に、一方的に教える従来型の指導より、10秒アプローチのほうが新人がより主体的に考えるようになり、結果的に一人前になるまでのスピードを加速させることができました。

まさに、忙しい職場が求めていた方法でした。

では具体的に、そのやり方を説明しましょう。

例えば入社して半年ほど経過した新人と一緒に、これから得意先に同行営業に向かうとします。商談時間前にお客様のオフィスに着き、ロビーのソファで新人と私が2人で座って、担当者が姿を現すのを待っています。

図5　“10秒で新人を伸ばす”の具体的イメージ

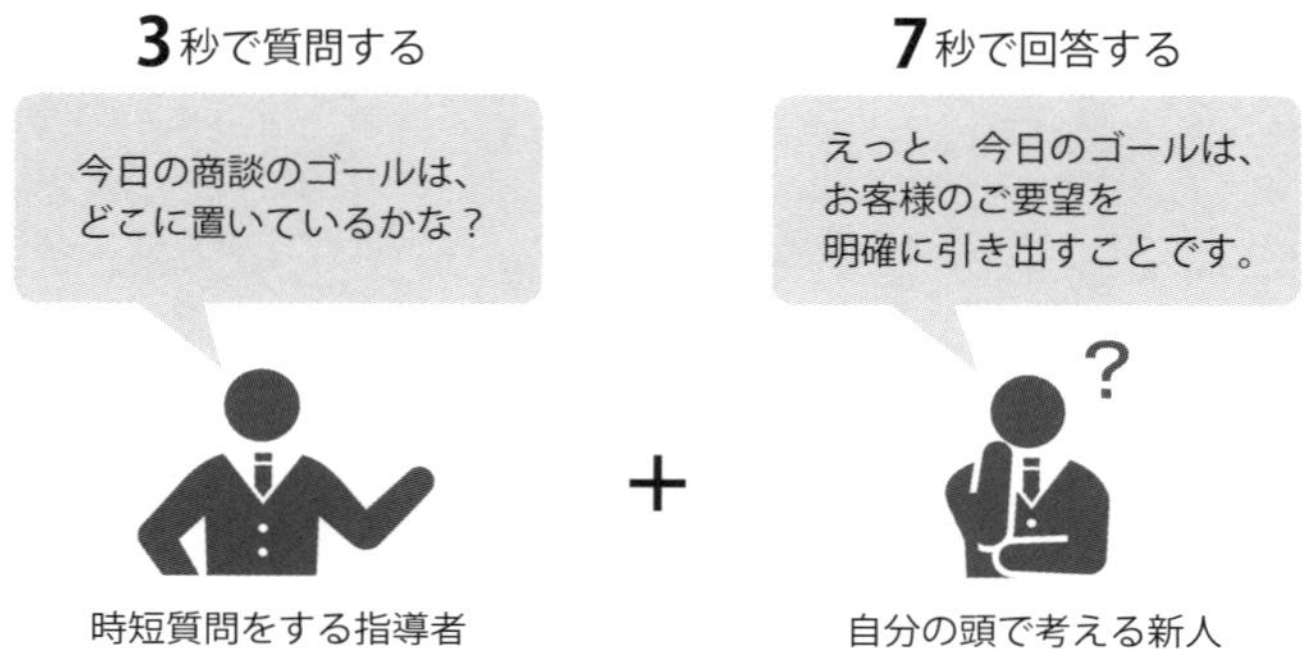
3秒で質問する
今日の商談のゴールは、
どこに置いているかな？
7秒で回答する
えっと、今日のゴールは、
お客様のご要望を
明確に引き出すことです。
?
+
時短質問をする指導者
自分の頭で考える新人

まさにこの瞬間、私なら、新人に考えさせたいことを凝縮した、こんな「時短質問」を投げかけます。

「今日の商談のゴールは、どこに置いているかな？」

この質問にかかる所要時間は、およそ3秒です。ちょっと考えて新人が答えるのにも、それほど時間はかかりません。せいぜい数十秒、早ければ5秒かそこらです。とすると「10秒で育成」は、決して大げさな話ではないのです。

質問による育成 10秒トレーニング

1 時短質問を投げかける（指導者側：所要時間3秒）
2 質問に対して考えて答える（新人側：所要時間7秒）

もちろん、お互い慣れないと最初は難しいですが、徐々に慣れると誰でも10秒程度で完結できるようになります。

もし答えられなければ、「今日のゴールは○○にしておくといいと思うよ」と伝えます。そして、また同じような同行営業のシチュエーションのときに、「今日の商談のゴールはどこに置いてるの？」と聞くわけです。今度は答えられる可能性が高まります。

こうした10秒で伸ばす時短質問を繰り返すことで、新人は自らの力で考えるようになっていきます。そして**自分の力で考えることで成長が早まる**のです。

同行営業の例に戻りましょう。商談は無事終わり、私は新人と別の場所に向かう予定です。この、駅に向かうまでの短い時間も、育成の好機にできます。

先ほど終わったばかりの商談について、新人に問いかけます。

「商談中、お客様が一瞬ネガティブな反応をされたけど、あれはどんな意味だったかわかるかな？」

新人は「価格の部分で苦い表情をされたのか、それとも企画の中身自体の問題なのか、そもそも『新人のお前に口を出されたくない』という意味だったのか、どういう意味だったんだろう？」と、自分なりに一生懸命にあらゆる角度から考えてくれるでしょう。こうした機会を与えることは、十分に育成になっているのです。

このように、「時短質問」を活用した「自分で考える」という10秒の訓練を、少しでも日常業務の会話の中に取り入れましょう。じっくり座って考えさせるのも必要ですが、効率を追求する日々の仕事のなかでは、形式張らずに日常の会話の延長線上で「自分で考える」訓練をするのも有効です。

匠の時短質問

商談直前のシーンで

今日の商談のゴールはどこに置いてるの？

商談が終わったあとのシーンで

次回の商談に向けて今日やるべきことは？

答えが返ってこなくても10秒でその場を立ち去る

10秒で新人の力を伸ばせる。

そう言われても、読者の中にはこう疑問に思う方もいるでしょう。

「そんなに早く回答が返ってくるかな？」

「もっとじっくり考えさせないといけないときもあるのではないか？」

たしかに、考える時間が短いと、新人の口からパッと回答がでないこともあるかもしれません。また、そもそも、もっと新人に深く考えさせたいというときもあるでしょう。

でも大丈夫です。そんなときは、**質問だけして、その場を立ち去ればいい**のです。

先ほどの新人との同行営業の例で説明しましょう。

新人が商談前の質問で、今回の商談のゴールを「お客様と良い関係を構築すること」と回答したとします。しかし「良い関係を築く」というふわっとしたゴールだったため、大事な局面で遠慮してしまって、お客様に踏み込んだ質問ができず、次のアポイントをとる機会を逸してしまいました。

指導者である私は、商談が終わったあと、すぐに次のアポイント場所へ移動しなければなりません。新人とは別行動になるので、ゆっくりと話している時間はありません。

そこで別れ際に、こう伝えるのです。

「商談のゴールはどこに置くべきだったか、メールで送ってもらえる？」

このフレーズを伝えるだけなら、およそ3秒しかかかりません。そして伝えたら、心おきなく次のアポイントに向かえばいいのです。

一方で新人は、次の訪問先へ向かう電車の中で、この質問の答えを考えることになります。会社に戻るまでにはある程度の時間があるでしょうから、それなりの返事をメールで送ってくるでしょう。

指導者は、メールで送ってもらった新人の考えに対してアドバイスをすればいいのです。その際は、直接でもいいし、メールで返答するのもありです。

いずれにしても、時間をおいて新人がしっかりと考え抜いた意見へのフィードバックになるので、指導者のアドバイスも的を射たものになりやすくなります。

指導者からすれば、**10秒で伸ばす時短質問を投げかけるだけで、その場にいなくても効率的な育成ができるのです。的確な質問を通じた「宿題」を出すことで、互いに時間を有効活用できます。**

匠の時短質問

新人と同行して商談を終えたあと

商談の失敗要因をメールで送ってもらえる?

相手の立場を考えるクセをつけさせる質問

新人に早期に身につけさせたいことのひとつが、「相手の立場で考える」思考です。学生から社会人になったばかりの新人は、ものごとを自分中心に見がちで、相手の立場で考えるのはとても難しいものです。というより、目の前の仕事をこなすのに必死で、相手の立場で考えるという発想にそもそも至らないことも多いわけです。

しかし、ビジネスには相手がいます。相手の立場を考えられないと、いつまでたっても成長できません。

私たち指導者の役割は、**「それは他者から見たらどうなのか」**という10秒で伸ばす時短質問を通じて第三者の視点で考えさせる訓練をし続けることです。

私が担当していた新人に、とある代理店向けの提案資料の作成を依頼した例で説明しましょう。

私　‥「さっそく作成してくれたんだね」
新人‥「いかがでしょうか？」
私　‥「うーん……あなたがやりたいことばっかりだね……」
新人‥「それではダメでしょうか？」
私　‥「お客様が求めていることをもっと入れてほしい」
新人‥「たしかにそうですね」

その提案書には、新人として盛り込みたい視点しか入っていなくて、代理店担当者の立場にたった視点での情報があまり入っていませんでした。

私がアドバイスすることもできるわけですが、自分で考えさせる訓練をしないと、その新人が担当者のもとに商談を行っても良い結果になると思えませんでした。

そこで相手の立場にたって考えさせるために、次のような質問を投げかけました。

「もしあなたが担当者だったら、どんな観点があったら採用しやすいかな？」

担当者の立場にたって考えざるを得ない質問をして、10秒という短い時間で無理やり相手の立場で考えさせるようにしたのです。

もちろん、はじめは10秒という短い時間ではなかなか良い回答は返ってきません。でも、あきらめずにコツコツと「相手の立場で考えさせる10秒間の訓練」を繰り返ししていきます。仮に良い回答がでなければ、考えさせたあとに、正答を教えればいいのです。

我慢して継続して10秒間の訓練をしていると、だんだんと回答できるようになっていきます。成長してきた新人は、

「担当者が安心して意思決定ができるように、直近の売上上昇率がうまく伝わるように記載したいと思います」

「担当者は、コスト面も検討項目のひとつですので、コスト削減効果を項目別にわかりやすく表示したいと思います」

などと、だんだんと主体的に考えた意見を言ってくれるようになりました。その結果、新人も自信を持って代理店と商談できるようになっていったのです。

私たち指導者は、新人が日頃接している人、つまり、新人を取り巻く関係者の視点にたって、質問することが求められています。新人が相手の立場で考えられるようになることは、自らの頭で考えて行動する主体的な人材に向かって成長していることを意味します。ですので、相手の立場を考えさせる「時短質問」を毎日新人に投げかけてください。一日10秒を積み重ねていくだけでいいのです。

匠の時短質問

新人を取り巻く関係者の立場で考えさせたいとき

〝お客様の立場〟で考えると、どうなる？

〝○○部門の立場〟で考えると、どうなる？

当事者意識を持たせる質問

先に、新人に「相手の立場で考えさせる」には、コツコツと、10秒で伸ばす時短質問を積みかさねていく必要があるということを述べました。その次に難しい課題は、新人が安易に依存してきたときに、10秒でどう当事者意識を持たせるかという課題です。

特に私が在籍していたソフトバンクでは、入社当初からこの「当事者意識」を持って物事を前に進めていくことを徹底的に鍛えられました。

かつて私の指導者が繰り返し伝えてくれた言葉があります。

「結局、**誰かに仕事を教えるということは、いかに仕事を『自分ごと』にさせるか**だよ」

指導者は、当然ながら仕事を「自分ごと」として受けとめます。自分がその仕事を推進して責任を持つという覚悟ができているわけです。

一方で、入社間もない新人は自分が担当する仕事においても、どこか他人ごとで、自分ごととして受けとめきれていないケースが多くあります。その状態から、「この仕事は、私がやらずに誰がやる！」というように、**当事者意識**を持たせることができれば、格段に成長を速められます。

当事者意識を持たせるには、繰り返しになりますが、新人に質問を投げかけて、仕事の主体者として考えさせる10秒間の訓練がなにより大切です。それを繰り返し行っていく以外に近道はありません。ただし、当事者意識が高まるように質問を工夫する必要があります。

そもそも、仕事が「自分ごと」になっていない原因のひとつに「私はまだ新人だから誰かに助けてもらえるかも」とか「まだ僕は新人だから、自分が責任をとるわけではないよね」というような新人としての甘い考えがあります。

本当に追い詰められていれば、ＳＯＳを出すことが大切なときもあるでしょう。しかし、入社してまだ日が浅く、困難と直面したこともない新人には、逃げずに困難を正面突破させる経験をさせるべきです。

新人が困難と向き合わず、楽に逃げようとしているときは、当事者意識を持たせる質問をします。依存的な対応をしてきた新人に対して、**「一人でやるとしたら？」「仮にできるとしたら？」**などの質問を投げかけ、当事者意識を持たせるようにするのです。

例えば、次のようなやりとりが考えられます。

例①
新　人：「これ以上の新規開拓は私には難しいです」
指導者：「仮に誰かの力を借りて一緒にやっていくとしたら、どんなアプローチが考えられそう？」

例②
新　人：「今回も先輩に同行をお願いしたいのですが、よろしいですか？」

指導者：「仮にお客様が一人で対応してほしいと求めてきたら、どう商談を進める？」

このように、当事者意識を持たせる必要があると判断した際には、安易に手助けせずに、当事者意識を持たせるように自分で考えさせることが大切です。

一方で、指導者は、新人に**与えた仕事を自分ごとにさせるために「仕事を任せるけれど放任しない」**というスタンスを貫くことも必要です。基本は一人で実施させるけど、しっかりと観察している姿を示すことで、新人は安心して主体的に動けるわけです。

匠の時短質問

新人が安易に「私には難しいです」と相談に来たら

一人で乗り切るアイデアを一緒に考えてみない？

新人の初動を速める質問

私が、ソフトバンクに入社して学んだことのひとつに、いかに「初動」を速めるかという考えがあります。

ボーダフォンがソフトバンクに買収されて間もない頃、こんなことがありました。社長が「新製品の発表会をやるぞ」と言ったら、その場でホテルの会場を社員に押さえさせ、マスコミにも「何月何日に新製品を発表します」とその日のうちに宣言したのです。

私のようなボーダフォン出身者にとっては、目が点になるような出来事でした。こうなると、社員はそれに合わせて動かざるを得ません。**先に「ハコ（会場）」を押さえて、その瞬間から一歩動かす**。ソフトバンクで最初に体験したことでした。

私は、前述したように、もともとじっくり慎重に考えて行動するタイプでしたので、つい考えすぎたり、完璧な品質を重視しすぎて行動がワンテンポ遅れることがよくありました。

しかし、ソフトバンクに買収され新組織になってからは、それが許されませんでした。例えば、会議で、私が「いまの件については、あとで○○さんに確認しておきます」と発言すると「いまこの場で確認とれる?」と10秒アプローチが入ります。

また、私が上司との打ち合わせで「今日の打ち合わせで仮決めした面談の日時は、後ほど会議室をとってから改めて連絡します」と伝えると「いまこの場で会議室の予約とれる?」と10秒アプローチで促されます。

このように、少しでもあとでやろうという姿を見せるとその場ですぐに改善を求められます。私のように行動が遅くなるタイプは、特に強く指導いただいたのだと思います。

これは小さなことかもしれませんが、このレベルから初動の速さを求めることもできるわけです。いま、この瞬間に一歩を踏み出すことは、仕事を前に進める上でとても大切です。

私はその後、自身でもこれらのことを教えるようになったわけですが、指導者側の観点でもう少し具体的に説明しましょう。

私が担当する新人が、上司から企画書作成の業務依頼を受けたときのエピソードです。中間報告のための会議をセットしなければいけないのに、新人は上司への会議の打診を躊躇していました。私がその理由を聞くと、企画書が完璧に仕上がるタイミングがわからないから、中間報告の会議をセットできないということでした。そこで私は10秒アプローチを試みました。

「中間レビューの日は変更できるんだから、会議のセットは少しでも早いほうがいいのでは？」

私は、中間報告の会議をその場でセットさせ、どうしたら良い状態でその日を迎えられるのかを新人と一緒に考えました。

このように、とにかく**「10秒という短い時間で小さな一歩をこの瞬間にスタートさせ**

る」感覚がとても大事です。理由もなく「ひとまずゆっくりと資料整理でもしてから」などと、ちょっとした緩みがあると、急遽、突発案件が入ったり、お客様からの電話や上司からの依頼がどんどん入ったりして、気がついたら進捗が遅れてしまうことがあるのです。

結果的に、そのわずかな一歩を踏み出すか踏み出さないかの違いが、積もり積もると数日分の遅れにつながる場合があります。この遅れをあとから取り戻すのは大変です。

そうならないためにも、一歩でもいいから「いまこの瞬間からスタートを切る新人」に育てていきましょう。

匠の時短質問

新人がその場ですぐに行動し始めないとき

この場でいますぐに始められることって何かな？

仕事のクオリティを高める質問

あなたは、「丁寧にじっくりと、いいものを仕上げたいタイプ」ですか？ それとも、「とにかくスピーディーに仕事を仕上げたいタイプ」ですか？

私は、完全に前者のタイプで、中途で入社したボーダフォンも、じっくりと腰を据えて考えるタイプの企業でした。一方、ソフトバンクはスピード感あふれる会社でしたので、買収されたあとは、ボーダフォンの社内がソフトバンクのカルチャーに一気に変わっていく過程で、私自身とても苦労しました。

私が在籍していた教育部門においても「まずは7割でいいから、とにかくスピード重視でいこう」というスタンスを強く求められました。実際に仕事の依頼を受けると、その日にすぐ動き始められるタスクを決め、すぐに取り掛かるよう指導されました。

じっくりと考える私には、とてもカルチャーショックでした。また、これができるようになるまでに相当な時間がかかりました。しかし、繰り返し強く求められるなかで、実践できるようになり、いまでは仕事の初動がだいぶ速くなりました。

私は新人に、よくこんな風に10秒で伸ばす時短質問を投げかけていました。

「大至急、今日の17時までに企画書のラフ案を提出してもらえるかな？」

「17時までに」と時間を区切られると、新人は「今14時だからあと3時間しかない！」と思い、その場ですぐに企画案の全体像を考え始め、必要な情報収集をし始めます。とにかく書き始めないと定時までの課題提出に間に合わないため、自動反応的に行動の一歩が早まります。

三つ子の魂百までという言葉がありますが、この**タイムプレッシャーに慣れさせること**が、**早期育成のためにはとても大切です。**

そして、**期限に対する意識が高まると、不思議と仕事の質が上がる**という効果があります。タイムプレッシャーは、仕事のクオリティを上げるのです。ゆったりとしたスケジュールの中では、緊張感も少なく、ついタスクを先送りにしたり、初動が遅くなってしまい、結果的にクオリティを上げようという意気込みがトーンダウンしてしまうのです。

なので、仕事のクオリティを高めたい新人がいたら、初動が遅いときに、

「依頼した仕事で、今日中に実施できることはなんだろう?」

「今日中にやっておくことで、後々仕事がスムーズになることはなんだろう?」

といった質問を通じて10秒で訓練することができます。

「指示」にしても「質問」にしても、新人を早く成長させたければ、**仕事の依頼と同時に、今日やるべき作業をクリアにして、スタートダッシュさせる**ことが大切です。

指導者が新人にタイムプレッシャーをかける際に知っておくべき2点があります。

1点目は、新人の課題が、新人自身の気持ちや力量で乗り越えられそうならば、タイムプレッシャーは有効に働くということです。いつも以上に気持ちが入ることで、行動が変

わり、予想以上に仕事を前に進められる場合があります。

そして、2点目は、仕組みや仕事の仕方の改善が必要かどうかという視点です。いくら新人が気持ちを入れ替えても、そもそも仕事の進め方や作業効率が悪い場合は、タイムプレッシャーだけをかけても非効率のままです。このような場合は、仕事の仕方の改善指導が必要となります。

このような点に気をつけながら、新人にタイムプレッシャーをかけ、速く行動させてください。その後は、進捗を追いかけ、観察しながら、軌道修正する時間やアドバイスの時間を作ってください。初動を速めることで、新人の相談に乗りながら伴走する時間を増やせるのです。

匠の時短質問

「丁寧かつじっくり派」の新人に、タイムプレッシャーをかけたいとき

大至急、○○の対応を○○時までにお願いできるかな?

新人のタイムマネジメント能力を見抜く質問

時短育成で大事なのは、私たち指導者がいかに効率的に指導に関わるかということです。また、当然ではありますが、新人自身がいかに効率よく仕事をしていくかも同様に重要となります。

しかし、新人自身は初めての仕事に直面すると、タイムマネジメントがうまくできず、想像以上に時間を浪費してしまうものです。私たち指導者が、新人のタイムマネジメント能力を見抜き、適切な指導を行ってはじめて、時短育成につなげることができるのです。

そこで、まずはじめに新人のタイムマネジメントに関する指導者と新人のよくある会話をご紹介します。

指導者：「今週、新しい仕事をお願いしたいんだけど、何時間ぐらい空いてるかな？」

新　人：「えっと、その、あの……」
指導者：「えっ、わかんないの？　スケジュール帳開いてよ」
新　人：「はっ、はい。えっと、スケジュール帳の空いている時間を合わせると、9時間ぐらいは空いているかと思います」
指導者：「スケジュール上の空きは9時間かもしれないけどさ、その時間に資料作成したり、集計業務があったり、こなさなくてはいけないタスクがあるんじゃないの？　実質、どのぐらい空いてるの？」
新　人：「えっと、よくわかりません……」

このような新人の場合、早晩、タイムマネジメントしきれなくなる可能性があります。入社当初はまだいいのですが、半年も経過すると、多くの仕事を任されるようになります。仕事の難易度も増すので、よりタイムマネジメントが難しくなり、あたふたするのが容易に想像できます。

このような新人は、「常に締切に追われているんです」「業務がありすぎて、終わる感じがしません」といった悩みをボソッと言うようになります。だんだんと混乱してくるわけです。

しかし、多くの指導者はこの問題を解決せずに、新人が多少忙しくなったぐらい大したことはないと、さらに多くの仕事を振ってしまいます。そして、指導者自身も忙しいので、多くの仕事を振られた新人の観察やコミュニケーションが手薄になってしまい、課題解決しないまま新人をさらに困難な状況に追い込んでしまうのです。

指導者の立場であるみなさんにお願いしたいのは、**新人に初期段階からタイムマネジメントを意識させてほしい**ということです。そのために、10秒で伸ばす時短質問を意識的に投げかけてください。

「今週の空き時間って何時間あるの？」

空き時間を把握するのは、タスクごとの時間管理ができていないとなかなか難しいと思います。

図6　タスクごとの時間管理をさせるTO DOリスト

企画書の作成に向けたTO DOリストの例

TO DOリスト	予想時間
1. 情報収集	1h
2. 全体構成案の作成	2h
3. アジェンダ作成	1h
4. 資料の作り込み	5h
5. トライアル	2h

新人を指導するポイントとしては、新人にTODOリストを作成させた上で、作業予測時間まで記入させます。例えば、「企画書の作成」というひとつの仕事を、「情報収集：1時間」「全体構成案の作成：2時間」「資料の作り込み：5時間」などというようにタスクを洗い出し、タスクごとの作業時間を見積もって、新人各自のスケジュールに組み込ませます（図6参照）。

所要時間を正確に見積もれない新人は、日々の忙しさというものを感覚的にしかとらえられていない状況といえます。これが作業を遅らせる原因です。

自分自身が作業に費やす時間が可視化されていないので、意外と仕事に取り掛かるタイミングが遅れてしまい、結果、提出納期間際のスケジュールがタイトになり、全体的なアウトプットの品質が落ちてしまうのです。

指導者は、「今週の空き時間って何時間あるの？」という10秒で伸ばす時短質問を通じて、新人に必要タスクの洗い出しと所要時間の想定をさせ、より正確なスケジュールを立てられるように指導しましょう。

匠の時短質問

指導者が新人に仕事を依頼しようと考えているときに

今週の実質的な空き時間ってどのくらいあるかな？

質問後の沈黙に耐える

新人に質問を投げかけたあとに、沈黙が生まれることがあります。さて、あなたは、焦らずその沈黙を待ってあげられるでしょうか?

沈黙は、新人が純粋に考えることで生まれる歓迎すべき時間です。この沈黙を作れば、10秒での時短育成が可能になります。いい質問であればあるほど、新人はよく考えないと答えられません。その分、沈黙は長くなりますが、しっかりと考えさせることができるので、新人の速い成長につながります。

指導者が気をつけなければならないのは、**質問のあと、〝新人が一生懸命考えている間の沈黙〟を待ってあげる**ことです。指導者は、すぐに回答を言いたくなりますし、待つという行為が苦手です。なぜなら、指導者の多くは、新人の答えをただ待つという行為に対して、意味がない、効率が悪い、イライラするなど、良いイメージが持てないからです。
しかし質問を通じた育成では、新人が考えて答えるまで、ある程度覚悟を決めて待つ必要があります。答えを提示せずに、じっと待てるかが問われます。待つといっても5分も10分もその場で待つわけではありません。**3秒で質問して7秒待つ覚悟でいい**のです。

ただ、ときにこの沈黙が機能していないように感じることがあります。そのときは、「この質問、わかりづらいかな?」と聞いてみましょう。相手はなんらかの回答をくれます。

機能していない沈黙には2つのパターンがあります。

沈黙パターンA

新人にそもそも答えがない状態なので、回答できない沈黙

沈黙パターンB

こちらの質問の意図が伝わらず、新人が困惑している沈黙

それぞれについて説明しましょう。

パターンAは、いくら待っても答えは出てきません。そもそも、単純に知識がないと答えられない問いをしてしまったケースです。

そうだと思われたときは「まだ、○○については知らなかったかな？」と尋ね、すぐに質問スタイルから丁寧に教えるスタイルに切り替えてください。

次にパターンBですが、指導者側の質問の抽象度が高く、困惑させてしまうことがあります。「わかりづらかったかもしれないから、質問を変えてもいいかな？」と伝え、より具体的な質問に変換します。

例えば、「あなたは自身の営業成績をどのように捉えているの？」というような抽象度が高い質問は、その意図が新人に伝わらないことがあります。そこで、「今月の新規訪問件数の減少についてどのように考えている？」というように、**具体化した質問にするとだいぶ答えやすくなります**。

指導者はこれらの注意点を意識しながら、沈黙をうまく活用して主体的な新人に育てていくことが求められます。

ところで、ここまでは沈黙を「質問を投げかけ、その場で待つ大切な時間」という趣旨で説明してきました。しかし、時短育成という観点では、何も**その場で沈黙を待つ必要はないのです。**

前項でも述べた通り、質問で考えさせたあと、指導者本人はその場から離れても全く構わないのです。それは、離れている間も、良質な質問であれば相手は考え続けることになるからです。

質問を通じて本人に考えさせ、「あとで報告しに来てね」と言えばいいだけです。または、「後ほどメールで報告して」という対応でいいのです。

このように、質問を通じて沈黙を活かし、新人に「自ら考えて行動する力」をぜひあなたの力で身につけさせてください。

匠の時短質問

新人に質問してしっかりと考えている様子のとき

○○時までに考えを整理してメールで送ってもらえるかな？

新人に質問して表情の変化が大きく「変だな？」と感じたとき

だいぶ間があったけど、いまどんなことを感じてる？

いい質問の見極め方＆集め方

本章では「時短質問」を活用して、10秒で新人を伸ばす方法を紹介してきました。10秒で行う時短育成を機能させるには、質問の品質を限りなく高めていく努力が不可欠です。

具体的に10秒で伸ばす「時短質問力」を高めるにはどのような方法があるでしょうか。

その方法は、新人に「時短質問」を投げかけてみて、「良い質問」をストックしていくというものです。

例えば、10秒で新人を伸ばすシーンとして、以下の例のどちらが良い「時短質問」といえるでしょうか？

例①

指導者：「最近の営業の調子はどう？」
新　人：「調子どう？と言われましても……まぁ、ぼちぼちです」
指導者は、質問はしていますが、質問の抽象度が高く、新人はうまく答えられていません。では、次の例はどうでしょうか？

例②
指導者：「最近、営業での新規のアポイント獲得率は何割ぐらい？」

新　人：「7割ぐらいですかね」

例①より例②のほうが、質問が具体的で答えやすく、育成が機能する雰囲気を感じとれると思います。

多くの指導者は、指示命令は得意ですが、質問は意外と苦手です。さらに質問の精度を上げていく努力をするのは、もっと苦手です。というより、質問をすることで手一杯という状況です。

そのため、精度が高い質問を出し続けることができません。その結果、なかなか質問による新人の主体的な行動の変化を感じとれず、「質問なんて時間がかかるし、効果も出ない」と早合点し、元の指示命令スタイルに戻してしまうことがとても多いのです。これでは新人を「自分の頭で考え、行動する主体的な人材」に育てられません。

では、どうしたら質問の精度を高められるのでしょうか？


それは、新人に質問をしたあと、その質問が機能したかどうかを指導者自身が振り返ることです。すると、格段に質問力を高めることができます。

新人に「仕事はやりっぱなしにせず、振り返りが大切」と指導していることと、考え方は全く同じです。新人に質問を通じて考えさせたあと、**「10秒で有効に機能した質問」をメモしてストック**しておきます。ちなみに、先ほどの例では、②の質問を有効に機能した質問としてストックします。それによって、質問の精度は高まり、新人の育成スピードも増していきます。

とはいえ、「新人に投げかけた質問がうまく機能したかどうか」は、指導者自身ではよくわからないこともあるかと思います。もちろん新人の表情を見ていれば、なんとなく察しはつくのですが、確信が持てないときもあります。

そこでおすすめなのが、**開き直って新人に質問の感想を聞いてしまう**ことです。教える側にも未熟なところはあるわけですから、自身の質問がうまく伝わっているのか聞いて確かめてみるのです。

例えば、次のようなイメージで10秒で伸ばす時短質問の効果を確かめます。

指導者：「質問のあとに間があったけど、質問の意図は伝わったかな？」

新　人：「質問の意図はよくわかったんですけど、普段考えたことがなかったので、考え込んでしまった感じです」

このように、指導者が新人に思いきって確認してみると、質問が機能していたかどうかがわかります。

今後はぜひ、育成の品質や効率を落とさないようにするために、少しずつ自分なりの精度の高い「質問フレーズ」を増やしていってください。

匠の時短質問

新人に質問の効果を尋ねるとき

最も考えさせられた質問ってどれだったかな？

column

進捗確認の場も質問で課題と改善策を考える場にできる

新人との育成でのやりとりを「10秒」という時間に凝縮する時短質問の大切さについて述べてきましたが、それを活用する場面がどこにあるのかを考えるのも、あわせて大切なことです。ここでは、毎週実施されている進捗確認の会議の場を、育成の場として機能させるにはどうしたらいいのかを考えていきます。

例えば、営業部門における進捗確認の場はどうでしょうか。多くの指導者は、新人の営業活動の結果数値のみを見て厳しく指摘しがちです。

「目標数値に届いていないじゃないか！」

「もっと多くのお客さまを回るべきだろう！」

これでは、ただ感情に任せて叱り飛ばしているだけで、新人に自ら、主体的に考えさせることができていません。かえって新人は受け身になりやすく、必要以上に悩む時間が増え、想像以上に時間を要してしまいます。

では、どのようなアプローチをするのがいいのでしょうか？

まず、進捗確認の場は、新人の進捗確認を最小限にし、新人の重要課題を引き出し、それについて考えさせる場とする必要があります。

具体的には、指導者は次のような10秒で伸ばす時短質問を新人に投げかけます。

「今週の重要課題と次週に向けたアプローチを説明してもらえるかな？」

新人は、毎回この質問をされることで、進捗報告の準備だけでなく、毎週の営業活動における重要課題とその解決方法を事前に考えるようになります。先ほどの質問に新人が答えます。

新人：「今週の重要課題は、価格交渉の失敗です。今後は、価格面で言いづらいことを恐れず早めにお客様に伝えていきます」

このように、指導者は、**「今週の重要課題と次週に向けたアプローチを説明してもらえるかな？」**という10秒で伸ばす時短質問を、毎週繰り返し投げかけます。

毎週繰り返すことで、新人はその場で考えるのでなく、前もって考えることを徐々に覚えていきます。これにより、**主体的に考えることが習慣化される**のです。

新人が事前にしっかりと考え、簡潔に的を射た説明ができれば、会議の場での10秒で伸ばす育成は機能するようになるでしょう。

第4章

成長を加速させる「叱り方&ほめ方」のコツ

指導者にとって「叱る」「ほめる」は避けて通れないことです。しかしやり方ひとつで成長のスピードを速めることもあれば、逆効果になり関係をこじらせることもあります。この章では新人のやる気を削がずに成長を促すサポートとフィードバックのコツを紹介します。

叱られるのが苦手な新人には「叱ります宣言」をしておく

あなたは、指導者として新人を叱るまで、どのぐらいの時間、ためらうでしょうか？ためらってしまう時間の分だけ、指導者も新人も双方が非効率に陥っています。

誰でも叱られるのは嫌なものです。その気持ちがわかるからこそ、叱るほうも憂鬱になってしまいます。しかし、人間は他者から叱られることなしに成長できません。**新人の成長を願うなら、どうしても叱ることを避けられない**のです。

叱られた経験の少ない新人は、叱られると「できないやつというレッテルが貼られてしまった」とか「○○さんに嫌われてしまったに違いない」と早計に受け止めてしまいがちです。だからこそ「叱る」には意味があるということを最初に新人に伝えておくべきです。

というのも、普段新人と良好な関係を築こうと努力している指導者は、すでに信頼関係が構築されているので、いざ叱るとなるとその信頼関係がかえってハードルを上げてしまうことがあるからです。新人にしてみれば、そんな信頼している指導者に叱られると「あんなに信頼している方から叱られてしまった……」と必要以上に重く受け止めてしまうのです。

そのような事態を防ぐためには、**「私は叱るときは叱るから」と初めから新人に伝えておく**ことが肝要です。**「叱ります宣言」**をするわけです。

「叱ります宣言」をするタイミングは、その新人と初めて関わる状況がベストです。例えば、新人が入社時研修を終えて、部門配属されたタイミングなどです。新人と1対1で話す環境で、自己紹介が終わったあとに、今後の仕事内容と併せて指導の方針を擦り合わせるなかで、次のように伝えましょう。

「私はあなたが成長していく上で、言わなければいけないことはしっかりと伝えるタイプなんだよね。もし叱られてもあまり凹みすぎないようにね」

入社後しばらくたった新人へのスタンスを変えたい場合や、いままでは叱らなかったけれど、これからもっと叱ろうと思ったときは、「方針」として打ち出すことが有効です。「叱る人デビュー」のチャンスとしては、**新人がミスしてしまったときや、月初や新年の仕事始めなどのタイミングが考えられます。例えば、新人がミスしたときに、次のように伝えます。**

「今回のあなたのミスは私があなたを叱るべきタイミングで叱れなかったことも要因のひとつだと考えています。今後は、あなたの成長を願って、叱るべきときはその場ですぐに叱りますね」

このように、自分の素直な気持ちを表に出すことが、叱る人デビューに必要なポイントです。

匠の時短質問

新人の成長のために叱っていることを伝えたいとき

私が叱らないことであなたが失うことって何だと思う?

「知識」「行動」「スタンス」に分けてミスや問題の原因を見極める

ある新人に対して大きな声で叱り飛ばしている指導者がいました。その様子を見ていた上司は指導者を呼び「若いもんをそんな怒鳴りつけちゃいかん」と諭しました。もっと力を抜いて新人と接しろ、というメッセージだったのでしょう。

基本的には、怒るという行動は、自分の知恵のなさを認めるようなものです。しかし指導者には、新人の成果が思うように上がらず、「なんでできないんだ！」と怒鳴りたくなるときも正直言ってあるわけです。

「怒鳴る」「怒る」と「叱る」は別物です。指導者は、新人がミスをしたり、何か問題があったときにも、感情的にならずに、いかに適切に「叱る」指導をできるかがとても大切です。

では、適切に叱るとはどういうことでしょうか。
次の3つの視点から、新人のミスや問題の原因を探ってみてください。

叱るときの目線

1 知識が足りないのか
2 行動が足りないのか
3 仕事に対するスタンスが足りないのか

新人とのコミュニケーションや観察を通じて、この新人は知識が足りないから苦しんでいるのか、それとも知識はあるけれど行動に移せていないのが原因なのか、そもそも仕事と向き合うスタンスがなっていないのかを意識して観察するようにしましょう。

真の原因がどこなのかを判断するのが難しい場合は、本人に質問をしても構いません。
例えば進捗が滞っているとか、目標に届いていない理由を、「何が原因でそうなっているんだっけ?」と軽く聞いてみる。すると相手はそれなりの回答をするでしょう。

「○○がよくわからないんです」なら、単純に知識が足りないということです。

「集計に時間がかかってしまって」なら、パソコンのスキルが足りないことが窺えます。

「怒られるのが怖くて、新規の飛び込み営業ができません」なら行動不足が予想されます。

「景気も良くないですから……」「今回は、お客様の対応も良くなかったんです」と言い訳ばかりしているなら、仕事に対するスタンスがなっていないということになります。

このように質問を通じて、どこに原因があるかを見極めた上で、指導し、ときに「叱る」ことが、よりスピーディーな新人の成長につながります。

匠の時短質問

新人の成果が上がらないとき

「知識」「行動」「スタンス」、どれが一番の課題だと思う?

「周囲への影響度」を伝えると深刻に受け止めてくれる

新人を叱るときに、次のような伝え方をしたことはありませんか。

「仕事遅いよ」

「結局何を伝えたいの?」

「できるんだったら、最初からしっかりやりなよ」

「気のゆるみがあったよね」

「集計作業遅いよ」

「力が入りすぎてるよ」


こうしたフレーズは、言っていることに間違いはなくても、新人からすると「わかってはいるけど……」と思うだけで、深刻に受け止めてくれないこともあります。そうすると、指導者の苦言は、ただの空回りになります。

私にもそんな経験がありました。そこであるときから、同じことを伝えるのでも、次のようなフレーズをつけ加えるようにしました。すると新人に、こちらのメッセージを受け止めてもらいやすくなりました。

つけ加えたフレーズの共通点に気がつくでしょうか？


「仕事遅いよ。**チーム全体にどんな影響を与えていると思う？**」

「結局何を伝えたいの？ **そもそも参加者全員に届くメッセージなのかな？**」

「できるんだったら、最初からしっかりやりなよ。**まわりがどれくらい期待しているか知ってるの？**」

「気のゆるみがあったよね。**迷惑をかけてしまった人もいるのでは？**」

「集計作業遅いよ。**実はみんなが待っていることに気がついてる？**」

「力が入りすぎているよ。**まわりの人は気軽にアドバイスできないんじゃないかな？**」

共通点は、**周囲への影響度を悟らせ、真面目に取り組まないとまずいかも!?と思わせている**ことです。

指導者が指摘するまで、まわりに迷惑をかけているとは想像もしていなかったという新人が大勢います。

周囲への影響を伝え、腹落ちさせることで、正しい行動への一歩を速めることができるのです。

匠の時短質問

新人の行動を叱る際の一言

その行動が、周囲にどんな影響を与えていると思う?

column

ダメな自分をさらけ出すと育成スピードが上がる

意外に思われるかもしれませんが、指導者が自分のダメな部分を見せることで、伝えたいことが伝わりやすくなる場合があります。それは、指導者としての意外な一面がわかると、コミュニケーションがとりやすくなるからです。

しかし、往々にして指導者は、自分のダメな部分を隠そうとするものです。

私も新入社員の育成を担当した当初は、先輩として完璧な自分を見せようと思うがあまり、本音での会話がなかなかできませんでした。そのせいで、新人との関係が表面的になってしまった時期がありました。

指導者であるあなたは、新人と本音で話せる関係でしょうか？　それとも、まだまだ表面的な関係に近いでしょうか？

ソフトバンク在籍時、私は新人研修でチューター業務を担当していたときがありました。チューター業務とは、新人研修中のクラス担任のことで、研修内容のフォローや悩み事の相談対応、勤怠・交通費のチェックなど、新人の諸々をマネジメントする仕事です。

あるとき、新人が恐る恐るチューターの私にこう言ってきました。

新人：「すいません、会社から貸与されたスマホをなくしてしまいました……」
私　：「なくした⁉　いつなくしたんだ‼」
新人：「2日前です」
私　：「なんでもっと早く報告に来ないんだ‼」
新人：「怖くて言えなかったんです……」

当時の私は、チューター業務を行う際、いつも以上に厳しく新人に対応していました。クラスの統制をとるため、そして現場の厳しさに慣れてもらいたいという気持ちからのことです。
ただ厳しくしすぎたせいか、新人からの大事な相談がいつもワンテンポ遅れるなど、良くない状況が続いていました。厳しく管理しすぎて、相談しづらい雰囲気を作っていたのです。そのため、新人との日頃のコミュニケーション量も少なくなりがちでした。

さすがにこれではいけないと思い直し、新人へのアプローチ方法を変えました。それは、優しく接する方向に舵を切るのではなく、厳しいままに、**普段から自分のダメな部分をあえてさらけ出す**というアプローチです。
例えば、以下のようなイメージです。

私　:「チューターとしていつも偉そうなこと言ってるけど、私も新人のときは、営業に配属になって毎日叱られたもんだよ」
新人:「島村さんも叱られたんですか？　なんで叱られたんですか？」
私　:「実は、新規のアポイントが思うように取れなくてさ、それに……」

このように自分の弱みを新人に臆せずさらけ出してみたのです。
また、こんなやりとりもありました。

私：「新人のあなたに伝えるのはどうかと迷ったんだけど、私は実は3年目で転職したんだよね。営業が本当に苦手だったんだよね」
新人：「意外ですね」
私：「当時の私は偉そうに、『自分にあった仕事は別にある！』なんて心の中で叫んでいたよ。でも、後悔しているのは、目の前にあった〝営業〟という仕事を大切にしきれなかったことなんだよ。もっと本腰を入れて営業をやっていれば、いまよりビジネスを高確率で成立させるスキルが身についていたと、後悔することもあるよ」

私自身のダメな部分や苦手な部分を積極的に開示していくことで、新人もコミュニケーションをとろうとしてくれるようになりました。

そして、私が心を開けば開くほど、新人も心を開いて話してくれるようになり、徐々に良いタイミングで相談に来てくれるようになったのです。

つまり、**指導者自らが自身のダメな部分をさらけ出すことは、新人とより深い関係を築くことにつながり、それによって業務効率が上がり、育成スピードも飛躍的に速まっていく**ようになります。

逆に、いつまでも新人との関係が表面的ですと、お互い言いたいこともろくに言えず、新人からの相談も遅れ、業務効率が悪化し、育成プランが後ろ倒しになっていく可能性があります。

どうぞ、思い切ってダメな自分をさらけ出してみてください。

ほめるときには「評価」を挟まず「事実」を伝える

ここまで叱ることの大切さを伝えてきましたが、叱るだけでは十分に新人は伸びません。可能なかぎり早く新人を一人前にするには、叱るのと同じぐらい、ほめることも大切です。

しかし面と向かってほめるのは、こちらも照れてしまい、意外とやりにくいものです。そのせいでほめるのが億劫になる場合もあります。また何も意識することなく、ただなんとなくほめてしまうと、その効果もあまり期待できません。

ここでは、新人を伸ばすほめ方をご紹介します。

ところであなたは、新人をほめる際に、どんなことを意識しているでしょうか。

例えば、あなたが、携帯電話ショップで働く店長だとします。その店舗では、毎朝朝礼があるのですが、必ずその朝礼の1時間前に出勤してくるある女性スタッフがいます。そのスタッフとあなたの関係性は、日頃からよく揉めていることもあり、あまりよくありません。

しかし、あなたは、彼女が早く出勤して、いろいろ準備してくれていることをほめたいと思っています。彼女をほめるには、次のどちらの言葉がより適切だと思いますか？

例①

「いつも早くお店に来て、**すごく頑張っていますね**」

例②

「いつも早くお店に来て、**棚を拭いたり、カタログを整理してくれてたんですね**」

①の「頑張っていますね」というほめ言葉は、よく使うことがあると思います。しかしながらこの表現は、意外と誤解を生むことがあります。

実はこの例は、ショップの店長を務めていた私の同僚が打ち明けてくれた話です。その同僚は、スタッフの彼女が定時より早く出勤して開店の準備をしてくれていることをほめたいと思い、こう彼女に伝えたのです。

「いつも早くお店に来て、**すごく頑張っていますね**」

店長の同僚は、もちろん女性スタッフが喜んでくれると思って伝えたのですが、なんと次のような言葉が返ってきたのです。

「頑張ってるってなんですか。無理してほめなくてもいいですよ」

言われた店長の同僚は、まさかの展開に何も言えず、しばらく立ちすくんでしまったそうです。いったいこのスタッフは、どうしてネガティブな反応を示したのでしょうか?

原因として考えられることは、まず、店長の同僚とその女性スタッフとの信頼関係が希薄すぎたことです。その頃の彼は、店長といってもまだ店舗に配属されたばかりで、彼女とのコミュニケーションが密にとれていませんでした。

その上、店長であるにもかかわらず、店舗業務の習得がまだ不十分だった彼から、「頑張っていますね！」と言われると、彼女には偉そうに評価するように聞こえて、「イラッ」ときてしまったようです。

このように、「頑張ってますね！」「偉い！」などの評価するように聞こえるフレーズは、相手との信頼関係が構築できていないと誤解を生む可能性があります。

では、いったいどのようにほめたらよいのでしょうか？

例えば先の例②のように「いつも早くお店に来て、棚を拭いたり、カタログを整理してくれてたんですね」と、**事実を事実のまま伝えることで、相手に真意が伝わりやすくなります**。私もこのほめ方を使い始めてから、誤解なく真意を伝えられるようになりました。また、信頼関係を築くきっかけにもなりました。

この表現のポイントは、日頃の観察を通じて、ほめる部分を、**評価を挟まず、事実を事実のまま伝える**ということです。「いつも早く出社している」という事実と「開店の準備をあれこれとしてくれていた」という事実を伝えることで、相手にしてみれば「細かいところまで見ていてくれたんですね」と思います。

指導者の中には、自分の家族もほめたことがないのに、いきなり新人をほめるのは照れ臭いという人も意外といるのですが、この方法ならほめやすいと思います。

もちろん、事実を事実のまま伝えるためには、大前提として「観察」をする必要があります。そもそも新人と信頼関係を構築するには、「観察する」ことが不可欠です。

日頃の観察をベースにしたコミュニケーションを怠る人は、最短の育成から遠ざかっていきます。**最短の育成には、地味でも、観察をベースにしたコミュニケーションを積み重ねていくことが一番の近道**なのです。

匠の時短質問

観察した事実をほめたいとき

ひょっとして、いつも○○してくれていたの？

モチベーションの火となる ちいさな「やってみたい」を見逃さない

あなたは、新人のモチベーションをどのようにして上げていますか？　それはほめることでしょうか？　話を聞くことでしょうか？　はたまた飲みに連れていくことでしょうか？

人それぞれ、モチベーションの源泉が異なるのは言うまでもありません。担当する新人にとって、何がモチベーションアップの肝になるかを見定めるのはとても大切なことです。しかし、それ以上に大切なことがあります。それは、**本人が少しでもやってみたいと思う仕事をやらせてみる**ことです。人は「やってみたい」「改善してみたい」「協力したい」と思うことが少なからずあるものです。新人であればなおさらです。

新人が、ふと、そうした心の内を言葉にしたら、そのチャンスを絶対に逃してはなりません。小さなことでいいのです。「先輩の勉強会に同席してみたい」「先輩の営業に同行してみたい」、このような声を逃さず行動に移させます。

ソフトバンクでは、社員のやる気をとても大切にしてくれました。私は販売研修部時代に、店頭スタッフの退職率軽減のために、全国の店長向けにコーチング研修を導入するという企画を立てたことがありました。

企画自体はしっかりとしたものを準備しないともちろんだめなのですが、その芽を潰さずに「思いっきりやってみろ！」と上司が後押ししてくれました。

私はもともとボーダフォン渋谷の直営店の販売スタッフだったので、現場のことが多少なりともわかりました。私は、上司に「スタッフがイキイキと働き続けるには、店長の関わりがとても大事なんです！」と熱く説明しました。そして、その私の想いを上司が活かしてくれたのです。**ちょっとした前向きな気持ちを最大限に活かす。これこそが、モチベーションアップの源泉です。**

やる気とは、チャレンジする気持ちのことです。あれもだめ、これもだめというアプローチでは、新人は指導者に忖度して、段々と心の声を打ち明けないようになってしまいます。例えば「本当は先輩の勉強会に参加したいけど、まだ早いと言われそうだな」とか「営業に同行したいけど、先輩は忙しそうだし、やっぱり申し訳ないよな」など自身のネガティブな心の声に従い始めてしまうのです。

ぜひ新人のちょっとした「やってみたい」メッセージを受け止めてください。**「何かやってみたいこととか、参加してみたいものはあるかな?」**と聞いてみるのも有効です。

よくないのは、「そんなに焦るな!」「まだ早い!」とか「他にもっとやるべきことがあるだろう!」などと言って、指導者自らが新人のやりたい芽を摘んでしまうことです。

そもそも新人がやりたいと思うことをやらせたところで、リスクはそれほどないはずです。もし多少のリスクがあったとしても、それをうまく調整しながらやらせることもわれわれ指導者の役目だと思います。

また、やりたいという芽を摘んでしまうのは、数年先の離職の問題に発展しかねません。本当にやりたいことだとしたら、人は、その思いに背を向けながら働き続けることはできないのです。

匠の時短質問

新人のモチベーションが気になるとき

何かやってみたいこととか、参加したいものはあるかな？

仕事の評価を自分でとりに行かせると育成スピードが速くなる

私は新人に、「仕事の評価は、自らとりに行きなさい」と教えています。

これはどういうことかというと、例えば、あなたが育成を担当している新人が、複数部門の関係者の前でとある企画のプレゼンを行ったとしましょう。

通常はプレゼンが終わったあと、指導者であるあなたが「今日のプレゼン良かったよ」とか「今日のプレゼンは、いつも以上に緊張してたね」などと、直接新人にフィードバックすると思います。

そのような直接のフィードバックに加えて、より効果が高まるアプローチがあります。

それは**新人に直接、評価をとりに行かせる**という方法です。

例えば、聴衆である他部署の関係者に**「今日のプレゼン内容、率直なところいかがでし**

たでしょうか？」と、新人に直接プレゼンの評価を聞きに行かせるのです。聞きに来られた先輩方は、初めはびっくりしますが、真摯に他者の評価を聞こうとする新人の姿勢は、好意的に映るでしょう。

これを行う理由は、2つあります。

ひとつは、育成スピードが倍速になることです。指導者であるあなたは、相当忙しいと思います。いつも新人にかまって助言やアドバイスをしている時間はあまりないでしょう。そこで、新人自らいろいろな人に評価・助言を求めに行かせるのです。担当する新人があなた以外の他者に積極的にアドバイスや指導を求めれば、トータルでの指導回数を増やすことができます。

2つ目の理由は、独り立ちに向けた予行演習のためです。新人を育成する最終目的は、独り立ちさせることです。私は**独り立ちとは、誰かに命令されなくても自発的に動けるようになること、そして自発的に成長していけるようになること**だと考えています。ですから、いつまでもアドバイスを待つ受け身の状態ではなく、自ら主体的にアドバイスをもらいに行く姿勢に変えなくてはならないのです。

以上が直接助言をもらいに行く2つの理由となります。

指導者は、育成初期段階では、新人に何かあるたびに「なぜそうなったの?」とか「どうすればいいと思う?」などの質問を通じて考えさせます。いわば指導者が新人のPDCA:(Plan-Do-Check-Action)のCheck(チェック)、Action(アクション)の部分を主体的に担うわけです。

しかし一人前に近づくにつれて、われわれ指導者が介入しなくても新人が自らPDCAを回せるように指導しなくてはいけません。

新人自らが業務について自己評価するとともに、自らの評価を他者に積極的にとりに行けるよう指導します。そして、それを通じて自ら振り返り、それを次に活かすというように、**新人自身の力でPDCAサイクルを回せるようにする**のです。入社1年目ならまだしも、2年目になってしまうと、良くも悪くも、周囲の先輩は急に今までのように丁寧に関わってくれなくなるからです。

なお、先輩に助言やアドバイスをもらう視点としては、**マイナス面だけでなくプラス面**

も必ず聞くように指導してください。

「アドバイスをください」とだけいうと「あれもダメだった」「これもダメだった」とマイナス点だけ助言される可能性があります。いくらなんでもそれだけでは、新人も凹んでしまいます。

評価というのは、悪い部分も良い部分もひっくるめての評価です。できていなかった点を聞いたら、最後に、**「もし良い点があれば、教えていただけませんか」と聞くように新人に促しましょう。良い点を聞くことは、自分の知らなかった強みを把握すること**にもなります。ぜひ、新人に自ら成長する機会を積極的にとりに行かせてください。

匠の時短質問

新人にフィードバックを通じて成長してもらいたいと思ったとき

自ら評価をとりに行くメリットって何だと思う？

第5章

忙しくても続けられるコミュニケーションの秘訣

新人と指導者がコミュニケーションを密にとることは、業務推進のために不可欠なだけでなく、新人の速やかな成長のためにも欠かせません。しかし、密なコミュニケーションには時間がかかるため、ついついなおざりになりがちです。この章では、忙しくても続けられるコミュニケーションのコツを紹介します。

「報告／連絡／相談」の怠慢は仕事の放棄

指導者であるあなたは、報告／連絡／相談（以下、報連相《ほうれんそう》）という言葉を聞いたことがあると思います。担当の新人は、あなたに対して日々、報連相を適切に行っているでしょうか？

社会人になったばかりの新人は、たいてい報連相に戸惑います。なぜなら、学生時代は受け身なコミュニケーションでよかったわけですが、社会人になると報連相というコミュニケーションを自ら積極的にしていかなければならないからです。

慣れないうちは、いつすればいいのか、またそもそもする必要があるのかなど、判断に迷うことがあります。そんな新人に対し「報連相」について、どのように指導すべきでしょうか。

ソフトバンクでまだ私が若手だった頃、社員向けの研修をゼロから開発する機会がありました。ソフトバンクらしい実践的な研修にしたいと思い、まずは営業現場の担当者にヒアリングを実施しました。

営業現場の担当者は、「今忙しいから」とあまり乗り気ではなかったのですが、「現場に役立つものをどうしても作りたいので、なんとかお願いします」と半ば強引にヒアリングの機会をセットしてもらいました。

ヒアリングも無事終わり、研修の開発が順調に進みだしたある日、私は上司から呼び出されました。

上司：「営業に勝手にヒアリングかけたらしいじゃないか。営業の責任者から、商戦期前は勘弁してくれとクレームがあったぞ。なんで俺に報告がないんだ！」

私　：「あまり時間のかからない簡単なヒアリングでしたので、このぐらいは大丈夫かなと思いまして……」

上司：「いいか悪いかは、俺が決めることだ。すべて情報をあげて来い！」

私　：「はっ、はい。申し訳ありません」

上司：**「報連相の怠慢は、仕事の放棄と一緒だぞ」**

私は、上司の手間を煩わせてはいけないと思い、自ら判断して営業担当へヒアリングをしたわけです。しかし、私のその行為は現場の負担になっていた上に、上司にも迷惑をかけてしまいました。「現場へのヒアリングを通じて実践的な社内研修を開発したい」という思いが先行しすぎ、まわりが見えていなかったのです。私は、報連相の不足が原因で、こんなにも周囲に迷惑をかけるのだと深く反省しました。

このことがきっかけで、私は新人に**「報連相は仕事そのもの」**という考えを意識させるようになりました。特に入社初期段階は、新人自身で判断できない事柄も多いので、とにかく報告させることを大切にしました。

新人はみな、報連相に対しておっかなびっくりしすぎています。なぜなら、上司や先輩から「そんな細かいことをいちいち報告してくるな！」と言われた経験があるからです。ですので指導者は、次のように新人に伝えたいところです。

「入社して間もないいまは、とにかく全部報告をあげてきなさい。必要に応じて『そこまで細かい報告はしなくていい』と指示するから」

指導者である私たちは、この訓練を通じて報連相の温度感を新人につかませるわけです。新人が勝手に判断して、自分の情報を囲い込まないように指導します。お互いが密な報連相をする意図がわかっていれば、新人は安心して仕事ができ、コミュニケーションロスも少なくなり、結果として業務効率が上がっていきます。

匠の時短質問

報連相が足りない新人への一言

報連相がないと、なぜ私が困るか、想像つくかな？

忙しくて「報連相」を受けられないときはタイミングを指定する

「わからないことがあったら、いつでも質問してね」

これは、現場配属の直後に新人に伝えられる先輩からの言葉です。しかし、このメッセージを信じて新人が仕事をし始めると「騙された」と感じることも少なくないようです。

あるとき、新人のA君はわからないことが出てきたので、担当の先輩に質問しようとしたのですが、先輩は不在でした。最近は特に忙しく、机にいることが滅多にありません。今日も会議に出ているとのことでした。そこで、会議が終わるのを見計らって質問にいくと、先輩がこう言いました。「ごめん、次も会議なんだ。またあとで来て」

そこで会議が終わるのを待っていると、先輩はそのまま急な予定で外出してしまい、今日は戻ってこないとのことでした。

このように、質問したくてもできないケースはよくあることだと思うのですが、新人にはすぐに疑問が解決できないのが大きな不安に感じるようです。新人は、新人なりに思うところがあるわけです。

「先輩がものすごく忙しいのはわかる。でも、いつでも質問してくれって言ったじゃないか……。業務を進められずに立ち止まってしまうのがとても不安で……」

新人は、このような経験を何度か繰り返し経験します。すると、上司や先輩への報連相をためらったり、タイミングを窺いすぎたり、持ちかけた相談を引っ込めたりして、仕事の効率が極端に落ち始めます。この、**「質問したいけど質問できないアイドリングタイム」はかなり無駄なコスト**です。上司や先輩が「育成の不効率」という事実に気がついていればいいのですが、上司や先輩も忙しくこの現実に気がつかないのです。

ここはひとつ、指導者から新人に歩み寄ってみましょう。新人が報連相に来て、あなたがどうしても忙しくて対応できないときは、次のようなアプローチを試してください。

「いま忙しいから、15時にデスクにもう一回来てもらえるかな?」

「定時以降だと相談にのりやすいな。18時はどう?」

「相談ごとをまずメールでもらって、別途、時間をセットしよう。ひとまず、今週金曜日、朝一に会議をセットしておいて」

あなたが**「報連相」を受けやすいタイミングを提案することで、新人は安心して仕事を前に進められます**。また、指導者であるあなたも自分の都合のいいタイミングで指導できるので、前向きに育成に関わることができます。

匠の時短質問

新人の報告に対して、忙しくて対応が難しいとき

ごめん、○○時に、再度来てもらえるかな?

メールの返信は5文字で十分

日頃あなたは、新人からの業務報告メールに対して、どのように返信しているでしょうか。

指導者から新人への返信

Aパターン　とにかくアドバイスなどたくさん書いて返信する
Bパターン　とにかくシンプルに用件のみを返信する

私はソフトバンクの人事部に在籍していた際、ソフトバンクユニバーシティで講師として登壇しており、研修が終わると研修実施報告メールを上司に送ることになっていました。それに対する上司からの返信は、たいてい「OK」「わかった」「いいね」「了解」などと、5文字足らずの短い返信でした。しかし、**上司はどんなに忙しいときも必ず返信をしてくれました。**

ちなみに、社長も基本的にメールは「はい」「いいえ」「了解」のみの返信で、3回以上のやり取りをしないことは社内でも有名でした。とにかく社内では、シンプルに伝えることが徹底されていました。

一方、私が新人教育を初めて担当した当初は、かなり効率の悪い返信をしていたと思います。新人からの日々の報告メールに対しては、「少なくとも、新人の分量の半分以上の文字数で返信してあげたい！」と思っていました。

一体なぜ、私が分量の多いメールを返信してあげたいと思ったのか、想像がつくでしょうか。

そこには、育てる側として2つの思い込みがありました。

ひとつ目の思い込みは、新人が頑張って業務を進めてくれたことに応えるには、少なくとも半分程度の文字数でメールを返さないと失礼なのではないかというものでした。私は、ロジックより感情で動くタイプなので、意識しないと必要以上に新人の気持ちに寄り添いすぎてしまい、育成業務の非効率さを自ら招いてしまう傾向がありました。

２つ目の思い込みは、新人を指導する立場として、メールひとつにおいてもリーダーとしてふさわしいものを書かねばならないと思っていたことです。メールでも良いアドバイスをしないと、指導者として信任を得られないという恐怖感が常にありました。

しかし、冷静に考えれば、常にすごいことを言うなんてできませんし、そんな必要などないといまは思えます。

このように、駆け出し指導者だった頃は、メールひとつ返すにもかなり肩に力が入っていました。当時の私に「もっと気楽に構えれば？」と言ってあげたいくらいです。

そもそも、新人からの業務報告メールに対する返信は、**こちらがそのメールを読んだことが伝わって、新人が次の一歩を踏み出す状態を早期に作り出すことに意味がある**のです。

だから私もあるときから、特に問題がなければ**「ＯＫ！」「了解！」「素晴らしい！」「その調子で！」「よろしく！」という一言だけで返す**ようになりました。

そして、とにかく読んだよということを知らせるために、**なるべく早く返信する。遅く**

とも当日中に返事をするようにしました。

その結果、新人は「受け取ってもらえた」「読んでもらえた」と思い、ひとまず安心できたようでした。

こちらが返信しないと、新人としては「本当に伝わっているだろうか」と不安になり、「どうせ読んでないんじゃないか」と勝手に思い込むかもしれません。そうなると、新人からの報告量が少なくなったり、肝心な報告があがってこなくなったりします。これは、指導者側が意思決定のミスを助長する可能性があり、危険な状態です。

ただ、一言だけでメールの返信を伝えるのが不安な方は、自分から次のように新人に宣言してしまうことをお勧めします。

「私のメール返信は、基本は一言だから気にしないでね」

このように伝えておくと、新人は「あの人はたいてい5文字程度の返信だけど素早く返してくれる」と思い、お互いのすれ違いが少なくなります。その結果、新人はスムーズに仕事を進めていけるのです。

匠の時短質問

新人に自身のメールの特徴について説明するとき

一言だけのメール返信のメリットって何だと思う？

「ちょっと2〜3分いい？」でコミュニケーション量を増やす

あなたは、新人にとって話しやすい雰囲気を醸し出していますか？

私たちは、新人を指導、育成する立場である以上、ポジションパワーとは言わないまでも、それに近い力を持っていると認識すべきです。

また、私たち指導者はたいてい忙しいわけで、その忙しく慌ただしい雰囲気を新人は敏感に感じとります。

新人にとっては、そんな忙しい指導者に気楽に話しかけたり、相談をもちかけたりするのは難しいのが現状です。

ですから、新人とのコミュニケーションの基本は、**まずは指導者から声を掛けること**です。コミュニケーションの量を増やすのに苦手意識を持っている方は、こんなセリフをきっかけにしてみてください。

「○○さん、2~3分いいかな？　ちょっと相談したいことがあるんだよね」

「相談したい」と言っていますが、実は、指導者に本気の相談があるわけではありません。コミュニケーションのきっかけとして、軽い気持ちで仕事に関する意見を聞くぐらいの感覚で実践します。

例えば、指導者自身が職場の改善プロジェクトを担当しているとします。その際に次のように新人に声をかけます。

「いま、職場改善プロジェクトを進めてるんだけどさ、○○さんにも職場の気になっていることをちょっと聞いてみたいと思って」

新人からすると、**「どう思う？」**と意見を求められるのは、**「自分の意見を聞いてもらえるんだ」**と思えてうれしいことなのです。

それをコミュニケーションのきっかけとし、新人に本当に聞きたいことを尋ねることもできます。「そういえば、例の仕事の進捗は、その後どう？」というように、新人とのコミュニケーションを増やしながら、良い関係を徐々に築いていけます。

このように、とにかくコミュニケーションの量を増やし、お互いの壁をなくすことがとても大切です。そうすれば、新人のほうから、「ちょっと相談してもいいですか」と悩みを打ち明けてもらいやすくなり、育成しやすくなります。ぜひ、活用してみてください。

匠の時短質問

新人とコミュニケーションをとりたいけど、とりづらいと感じるとき

相談したいことがあるんだけど、2〜3分いいかな？

仕事の振り返りを仕組み化する

新人を成長させるために、とにかく次から次へ多くの業務経験をさせる会社は意外と多くあります。このことは、ある一方向から見ると正しいのですが、別の方向から見ると必ずしも正しいとは言えません。

これはなぜかというと、PDCAでいえば、Plan（計画）を立ててDo（実行）、Plan（計画）を立ててDo（実行）というように、PD、PD、PDが永遠に続くかのように仕事をさせてしまっていることになるからです。

本当は、闇雲に経験を積み重ねさせるだけでなく、新人自ら積極的に仕事を振り返り（Check）、そして、振り返ったことを次の仕事にどう活かすかを考えさせる（Action）ことが必要不可欠です。このサイクルを自ら積極的に回させることでより成長につながっていくことは前項でも説明した通りです。

仕事の経験を振り返り、次の仕事にどう活かすのかという学びを得て、人はより成長していくという考え方を**「経験学習」**と言います。新人のスピード育成においても、より早く一人前に育てるためには、この「振り返り」がとても大切です。

だから指導者はみな、忙しくても、短い時間や隙間時間を使って、しっかりと新人に自分の仕事を振り返らせる時間を持たせたいと願っています。特に新人の入社当初は意識してその量を増やすように心がけるものです。

しかし、相当意識し続けないと、徐々にそれを疎かにしてしまいがちになります。新人を「自分で育つ」体質に改善する上でとても重要な要素であるにもかかわらず、「振り返り」をつい軽視してしまうのです。

例えば、新入社員の頃、業務日誌を毎日書いて、先輩にチェックしてもらった記憶はありませんか？　おそらく経験された人が多いのではないかと思います。

ところが、不思議なことに多くの会社では、新人が入社して数ヶ月もすると、「職場や仕事にもだいぶ慣れてきただろう」という理由で、毎日、新人と先輩でやり取りする業務日誌の仕組みがいつのまにかなくなってしまいます。

指導する側としては「もう一人で振り返りくらいできるだろう」と考えて、業務日誌を廃止するわけです。そして当の新人本人は「やっと業務日誌から解放された〜」と、せっかく習慣化されつつあった振り返りを、たった1日でいとも簡単に放り出してしまうのです。

新人の育成においては、業務日誌の仕組みが終了しても、新人が主体的に仕事の振り返りをするよう、振り返りの仕組み化を促してください。ただガムシャラに頑張るよりも、格段に早い成長につながります。

仕組み化の例をご紹介しましょう。

ある指導者は、**毎週金曜日に今週の仕事のうまくいったこと、いかなかったこと、その原因、そして来週意識することをメールで送る**ように新人に促していました。

また別の指導者は、**「毎週金曜日をコミュニケーションの日」**と決めて、新人と1対1で30分ほどかけ、この1週間にやったことを質問や傾聴を通じて引き出していました。直接の対話が基本ですが、仕事の状況によっては、メールでコミュニケーションをとることも有効です。

このように、段々と疎かになりがちな新人の「振り返り」を維持するためにも、持続できるように仕組み化することはとても大切です。

匠の時短質問

新人が忙しさにかまけて、業務の振り返りをしていないと感じたとき

忙しい中で振り返りをするために、何ができるかな？

丸投げの相談は堂々と却下する

新人からの相談には、基本的に指導者は、真摯に耳を傾ける必要があります。しかし、**なかには聞かなくていい相談もあります**。それが「丸投げの相談」です。

新人が指導者に相談を持ちかけるときは、得てして丸投げになりやすいものです。しかし、丸投げ相談にいちいち丁寧に対応していたのでは、時間がいくらあっても足りません。また、それではいつまでたっても「自ら育つ」ようにはなりませんので、より**主体的な相談の仕方を覚えさせることが重要**です。

転職して間もない頃の私がソフトバンクの直営店営業部に在籍していたおり、先輩スタッフに、次のように相談を持ちかけたことがあります。

「店頭の待ち時間対策の件なのですが、実は困っていましてアドバイスをもらえませんか?」

一見、丁寧で問題ないような感じもします。しかし、この相談は自分なりの意見もなく、ただ相手にすべてを委ねているだけです。この頃の私は、かなり依存的なタイプでした。とにかく上司や先輩に指示されたことだけを忠実に行うタイプで、相談するときも、極めて依存的でした。

イラッときた先輩の返事はこうです。

「お前はどうしたいんだ?」

私はしばらく無言のままでした。当時の私は、自分の考えなど持っておらず、上司や先輩の意見を丁寧に聞き出し、それを正確に実行することしか考えていませんでした。

そして先輩は私に対して、こう言いました。

「次から、自分の考えがない相談は却下だよ」と。

「却下する」というと厳しく聞こえるかもしれません。しかし、ここで先輩が伝えたかったのは、**「君が考えたネクストアクションを聞かせてほしい」**ということです。それは、あなたの意見を大切にする用意があるということだったのだと思います。

実際に、その先輩は次のような一言もつけ加えてくれました。


「間違ってもいいから、自分なりの考えをしっかりと発信してください」


私は、「自分の考えを発信してもいいんだ」「自分の考えを聞いてもらえる可能性があるんだ」と新鮮な驚きを感じたのをいまでも覚えています。

その指導を機に私は、相談をする際には次のように、自分の考えを添えるようにしたのです。


「店頭の待ち時間対策の件なのですが、雑誌を置いてお茶などをお出しする対応はどうかと考えたのですが、アドバイスをもらえませんか？」

その後、月日がたち、私が指導的な立場になったときには、このようなアプローチを新人育成に取り入れるようになりました。

実際に、「自分なりの意見を持った相談」をされるとわかるのですが、とてもスムーズにことが運びます。依存型の質問に比べると仮説があるので、的確な回答、アドバイスがしやすくなるからです。
主体性のない丸投げ気味の相談をされると、指導者は新人に詳細の質問をしないと状況がつかめないので非効率です。また、新人も考え抜いていないので、成長につながりづらくなります。
だからもし「丸投げ」の相談を受けたら、あなたのためにも、新人のためにも、次のような対応を心がけてみてください。

新　人：「販促企画案がなかなか浮かばないんです。お知恵をお借りできませんか？」
指導者：「まずあなたの案を聞かせてほしいな。まだ考えてなかったら、一度考えてから相談にきて」

このような対応をすれば新人は、次のような自分なりの考えをつけ加えた相談をしてくれるようになるでしょう。

新　人：「先ほどは失礼しました。販促企画案なのですが、他社業界で成功したという着ぐるみでの販促案がよいと考えました。今回はこれを試したいのですが、ご意見うかがえないでしょうか？」

このように、**新人の考えを大切にする意図がしっかりと伝われば、双方ともにいい相談の場になり、育成もスムーズに進みます。**

今後、もしあなたのところに新人が相談してきた際、新人の意見が含まれていなければ愛を持って却下してください。

匠の時短質問

新人から丸投げ気味の相談があったとき

ちなみに、あなたが考える行動案はどんなものなの？

column

トラブル中の新人には「意見」ではなく「事実」を述べさせる

トラブル対応時の新人の報告は、感情過多でドラマチック、かつ非効率なことが多く、指導者が困ってしまう場合が多々あります。

次の会話は、携帯電話などを扱うモバイルショップで、店長のもとへ新人スタッフが急いで報告にきたシーンです。この報告の問題点はどこにあるでしょうか?

新人:「店長、聞いてください。あのお客様、ひどいんですよ。もう最悪です!」
店長:「いったい何があったんだ?」
新人:「携帯の調子がちょっと悪いぐらいで、怒鳴り散らしながらお店に入ってきて、周囲のお客様にもすごい迷惑をかけています。来店して早々に私のことを睨んでくるし、私はあのお客様を担当していないんですよ。私のせいじゃありません！」

店長：「…………」

新人の報告はなぜ、このような報告になってしまうのか、予想がつくでしょうか？それは、指導者である店長に、「自分の頑張りをわかってほしい」「私のせいでクレームが起きたわけではない」ということをわかってほしいからです。

新人の気持ちはわからなくもないですが、結局このような報告は、やりとりを長引かせる上に、真実が見えづらく非効率です。

では、私たち指導者は、どのように報告を改善させたらよいでしょうか？

トラブル時の報告で大切なことは、**事実情報を正確に伝えさせること**です。そのためには、本人の意見、評価、感情などはいったん脇に置いて報告させるようにする必要があります。

例えばこのようなイメージです。

新人：「店長、聞いてください。あのお客さんひどいんですよ。もう最悪です！」
店長：「ひとまず、**事実のみ正確に報告してもらえるかな？**」
新人：「携帯の調子が悪いというお客様が、怒鳴り散らして私もう怖くて……。ずっと怒鳴っているので、まわりも相当迷惑していると思います」
店長：「怖かったのはわかった。落ち着いて事実だけを正確に教えてほしい」
新人：「す、すいません。事実ですね。携帯の調子が悪いというお客様が、もう**10分ほど、売り場中に響きわたるぐらいの大声で怒鳴っています**（事実）。**携帯を調べたところ、水漏れによる携帯の故障ではありませんでした**（事実）。電波が入らないときがあるとのことでしたので、**電波が届きづらい地域や特定の場所がある点をお伝えしました**（事実）。それでも、どうにも納得いただけない状況です」
店長：「なるほど。で、どうする？」
新人：「お客様は、仕事上の損失が出たから、**2ヶ月分の料金を割り引けと言っています**（事実）。ですので、**こちらとしては、それはできかねますと申し上げました**（事実）。そうしたら、若造じゃ話にならんから店長を出せといってきたという状況です」

店長：「状況がよくわかった。来店して10分ぐらい大声で怒鳴っているお客様がいる状況だね。携帯の水漏れでないことと、電波領域の確認はしたんだね。あとは値引きの要求をしているということだね。では、落ち着いたらまた呼ぶかもしれないから待機しておいて」

まずは新人に事実を正確に伝えさせるために、**「事実のみ伝えて」と明確に発信することが大切です**。これにより指導者側が正確な意思決定ができるようになります。それと同時に、事実情報を元にやりとりすることにより、コミュニケーション効率も飛躍的に高まります。

気持ちや意見を中心に報告されると、報告を受ける側は、どれが事実情報かわからなくなってしまいます。すると再び事実を確認する必要が出てきて、効率がどんどん落ちてしまいます。ぜひ、新人から報告を受ける際には、事実情報の報告を意識して徹底させましょう。

第6章

トラブルはスピード減の元！「困ったとき」の解決法

ミスをして落ち込む、人間関係に悩む、あと一歩が踏み出せない――。新人は思わぬところで成長の足踏みをしてしまうことがあります。この章では新人の成長を停滞させないために、指導者に必要な適切なトラブルシューティングの知識を紹介します。

新人の「異変」を見抜く5つのサイン

新人研修で教えた新人が、配属されて半年ほどたったころ、突然私のところに相談に来ました。そしてこう悩みを打ち明けてくれました。

「実は、仕事ができる同期といつも比較されるのがつらくて……、それにチームリーダーが厳しすぎて、もう会社に行きたくないんです……」

私は共感しつつも、次のように確かめる質問をしてみました。

「そっか。同期と比較されて、リーダーがそんなに厳しかったらいやになるよね。そんな大変な状況だったら、私のところに相談に来るまですごく時間がかかったんじゃない？」

「はい、この1ヶ月間ずっと悩んでました。やっと今日相談できてほっとしてます」

私は心の中で「どんだけ一人で悩んでるんだ！」と喝を入れたくなる衝動を抑え、もうひとつ聞いてみたのです。

「1ヶ月も悩みが続いていたらさ、なかなか業務もうまく進まなかったのでは？」

「はい、仕事もあまり前に進めていなくて、遅延して怒られてしまいました。ミスもしがちで……」


あなたなら、この新人の悩みについてどのように対処しますか？

新人は、就業外で同期などの近しい仲間には心のうちを見せられるのですが、職場に来ると悩みを共有できず、一人で悶々と悩むことが多いのです。

その結果、相談するまでに相当な時間をかけてしまいます。生産的な悩み方ならまだいいのですが、無駄に悩みすぎて業務効率が極端に落ち、ミスもしやすくなる傾向がありま す。つまり、**一人で悩みすぎる新人は最短の育成からは遠ざかっている**のです。

ですから、このようなケースの場合は、新人が相談に来る前に、指導者のあなたが状況を察知して自ら情報をとりに行く必要があります。新人の悩みを早くキャッチした分だけ、生産性の低下を食い止めることができます。**生産性をどう上げるかも大切ですが、いかに生産性を落とさないか**もとても大切な視点です。

難しいのは、**成果偏重タイプのいわゆる「できる人」は、新人の感情の変化に疎く、仮に気がついても対応を後回しにしてしまう傾向がある**ことです。

日頃から短時間でいいので新人と言葉を交わし、顔色を見て、問題の兆候がないか把握するよう意識してください。

予兆を見抜くための具体的な行動としては「おはよう!」「最近どう?」と新人に声をかけてみて、表情、態度、言動に変化がないか確認することです。

例えば、問題の兆候サインとしては、以下のようなことがあります。

問題の兆候サイン:これが出たら要注意

1 表情がこわばっている。表情が冴えないと感じる
2 声をかけても、他のことを考えている様子で反応に時間がかかる
3 声のボリュームが極端に小さいと感じる
4 お昼を食べずにパソコンを見つめていることがある

5 いつもは温厚なのに、会議で急に逆上するなど情緒不安定なことがある

新人の様子をキャッチするには**定点観測が絶対に必要**です。毎日見ていないと、ちょっとした変化に気づけません。

気づくのが遅れたからといって手遅れになるとは限りませんが、早く気づけば気づくほど、業務効率を落とさずに前向きな行動に戻しやすくなります。ぜひ、こまめな声がけをして新人の変化をキャッチしてください。

そしてもし、あなたがその変化に気づいたら、すぐに個別に話をしてみてください。

ここで、個別に話すときに、新人に自身の悩みを打ち明けやすくするアプローチがあります。それは、**あえて新人の悩みを指導者側のせいにして、新人に話しやすくさせるきっかけをつくる**というものです。

指導者：**「実はさ、最近元気なさそうだから、少し不安だったんだけれど、もしかして**

それって私が原因だったりする？」

新　人：「いえいえ、○○さんが原因というわけではありません。実は……」

このように、ぐっと相手の心に介入できる可能性が高まります。

大抵は、「実は人間関係のことで悩んでまして……」とか「実はお客様のことで……」とか「実は、自分の体調のことで……」など、何か言ってくれます。

ぜひ臆せず直接話してみてください。

匠の時短質問

新人の変化に気づいたとき

最近、元気なさそうだけど、私が原因だったりする？

人間関係で悩む新人には「人」から「成果」に目を向けさせる

人間関係の悩みは、私たちの想像以上に新人の仕事の効率を下げています。私たち指導者は、新人の人間関係の悩みにより注意を払い、指導することで彼らの仕事の効率アップにつなげられます。

人間関係の悩みが尽きないのは、新入社員も私たちも一緒です。職場にある程度慣れ、仕事もだんだんできるようになってくると、「○○先輩が怖すぎて、一緒に仕事したくありません」「○○さんとは、もう話したくありません」など、いつしか心の内をストレートに話してくれる場合があります。

そもそも多くの人は、人間関係について次の2つのタイプに分けられます。

A　気にしすぎるタイプの人
B　割り切れるタイプの人

ちなみに、私は気にしすぎるタイプです。

私の経験談を少しお話しします。以前、あるグループ会社向けのプロジェクトで、思うように自分の役割が果たせない時期があり、先輩から毎日厳しく指摘を受けたことがありました。朝起きると「指摘メール」が届いていて、会社に着くとまた怒られるというサイクルが毎日続き、正直いって滅入ってしまっていました。

当時の私は、細かく管理し厳しく指摘するタイプの人がとても苦手でした。

このことを別の先輩に相談したところ、しっかりと私の話を聞いてくれました。そして、私の目を見てこう言ったのです。

「気持ちはわかるが、もっと成果に目を向けなさい」

私は「たしかにそうだな」と思い、小さく頷きました。

初めてのプロジェクトで、グループ会社のことがよくわからず、知識不足の点を細かく突かれたのは明らかに私の努力不足でした。その点は自分でもわかっていたのですが、プロジェクトリーダーは私の知識不足を知っているのだから、もっと丁寧にいろいろ教えるべきだと思っていたのです。

また、腹を割って知識不足の現状を説明して、対策を提案する勇気が持てませんでした。「とにかく注意されたくない」「これ以上傷つきたくない」と、毎日逃げ出したい一心でした。

私の例からもわかるように、人間関係を必要以上に気にしすぎるタイプ（A）の新人には、本来の目的である**「成果」により目を向けさせる**日々の訓練が必要です。

もちろん、新人の悩みをしっかり聞き、共感してあげることも大切です。ですが、やはりそれだけでは根本的な解決になりません。長い会社生活のなかでは「成果を出すためなら、苦手な人とも、ともに働いていかねばならない」ということを学ばせ、覚悟を持たせねばなりません。

新人に対して、人間関係ではなく成果に意識を向けさせるために、指導者として知っておいて損はない刺激的なアプローチがあります。それは、**「人間関係を意識していられないほどハードな仕事に関わらせる」**方法です。

例えばソフトバンクでは、社長案件のプロジェクトになると、いつも以上にチームワークが発揮されるということがありました。超短納期かつ失敗も許されない土壇場で、チームでもめている暇など全くないからです。

仲が良かろうが、悪かろうが、協力せざるを得ず、みんな必死になってひとつのことに向かわざるを得ないのです。ですので、チーム内に仲が悪い人同士がいたとしても、そんなことも吹っ飛ぶぐらいの勢いですべてが進んでいきます。そして気づけば成果が出たとき、それをみんなで自然と分かち合える関係になっているのです。

要は、人間関係の問題は、表面的なわだかまりにすぎない場合も多いので、そんなことを気にしていられないほどのハードな仕事を与えるのもひとつのアプローチとして「あり」ということです。
ぜひ、指導者のあなたには知っておいていただければと思います。

匠の時短質問

人間関係に悩みすぎている新人に対して

いま、最も関心を向けなければならないことは何だと思う？

凹んでいる新人には短納期の単純作業をさせる

ソフトバンクで学んだことのひとつに「失敗を恐れずに行動する」「仮に失敗しても、それを素直に認めてリカバリーに倍努力する」があります。当時、社長もツイッターで**「失敗したときは素直に認めたほうが良い。直後に切り替えて倍の努力をすれば良い」**とつぶやいていました。

私は、このメッセージを自分なりに解釈して、新人指導にあたってきました。

多くの新人は、ミスをして叱られた直後に、大なり小なり落ち込むものです。しかし、数日たってもまだ落ち込んでいるようだと、仕事にも差し障りが出てきてしまいます。

これを防ぐのに一番いい方法は、失敗をしたあと、**間髪を入れずに単純作業の仕事をさせる**ことです。それもあえて短納期にします。そうすれば、新人は無理やりにでも気持ちを切り替えざるを得なくなります。

例えば、アイデアを出すような仕事は、時間をかけて考えれば良い案が出てくるという類の仕事ではありません。ですので、うまく企画案が浮かばずに、さらに落ち込んでしまう可能性も出てくるわけです。

しかし失敗直後の単純な作業は、しっかりとやっていれば必ず事が前に進んでいきます。例えば、在庫の確認作業やエクセルでの集計作業など、その人にとって絶対に前に進む単純作業を依頼することがポイントです。

「10件チェックしたら報告してください」と伝え、報告が来たら「ありがとうございます。とても助かります」と伝え、**小さな達成感をすぐに味わえるようにしてください。**

ショックが拭えないほどの失敗をしたあとは、自分が無能に思えて仕方がないものです。しかし、単純作業は、手を動かせば動かしたぶんだけ確実に進むわけです。**自分で状況をコントロールできる感覚を味わわせると「自分にできることもある」ことを思い出し、自信を回復させるまでの時間を短縮できます。**

また、指導者もすぐに、「もうできたんですね」「報告ありがとう」「助かるよ」などと言えるので、コミュニケーションをとるきっかけにもなります。

叱った直後は、なんとなくお互い、いつものような調子でコミュニケーションをとりづらいものです。指導者も「ちょっと言いすぎたかな。嫌われたかな」などと思ってしまうこともあります。でも、そこで指導者はくよくよ考えるのではなく、次の仕事をさっと与えて、気持ちを切り替えさせることができれば、元の仕事に戻しやすくなります。

最速で育てるには、落ち込んでからの回復スピードをいかに速めるかが大切です。

匠の時短質問

落ち込んでいる新人に声をかけるシーン

いまから1時間で◯◯の作業をお願いできるかな？

不安を解消させるには「足下」ではなく「前」を見させる

あなたは、マラソン大会に出た経験がありますか？

私は地元のマラソン大会に出たことがあるのですが、途中苦しくなったときに、沿道の人の「あと5キロ先で折り返し地点だぞ」という声かけや、一緒に走っている仲間からの「沿道を見ろ、応援してる人がたくさんいるぞ」という励ましで、苦しくてリタイアしそうな状態からもう一度頑張れたことが何度もあります。

新人と指導者の関係も、それと似ています。指導者は、一緒に伴走しながら声をかけたり、ときには沿道から応援する存在です。

新人が仕事で不安になるのは、未経験の業務をするときです。

私も新人の頃、まだ職場に馴染めないなか、毎日慣れない営業活動をしていたときは、職場でもお客様先でも緊張と不安の連続でした。毎日頭の中では、「失敗したくない」「失敗したときの周囲の目が怖い」という思考がぐるぐると巡り、そこから抜け出せずに疲労困憊でした。

そのため、どうしても目の前の小さなタスクに埋没しがちで、近視眼的になり、楽しさや、やりがいというものから、かなり遠くなっていたのを思い出します。

そういう状況の中、先輩方がこんな風に語りかけてくれました。

「営業はさ、とにかく元気で笑顔でいることを忘れちゃいかんよ」
「既存のお客様には、感謝しないとな」
「お客様が時間をとって会ってくださることは、とてもありがたいことなんだよ」

私は、その言葉にハッとさせられました。当時は目の前のことに必死で、笑顔も出ていなかったと思います。お客様に会ってもらえるありがたさも感じることができていませんでした。しかしこの温かい言葉で、もっと**「前」を向いて進んでいこう**と強く思いました。

そして徐々にではありますが、目の前の仕事から逃げるのではなく、楽しく向きあえるようになっていきました。

私が中途でボーダフォンに入社して、直営店で携帯電話を販売し始めたときもそうでした。来る日も来る日も、携帯電話の機種不具合によるクレーム対応が続き、「なぜメーカーの不具合なのに自分がクレームを受けないといけないのか」「なぜこんなヒドイ言い方をされないといけないのだろう」などと悩み続けたことがあります。

そこでも先輩スタッフから、こんな風に声をかけてもらいました。

「クレームを言われても、命を取られるわけじゃないから、気にするなよ」
「人の怒りを鎮めることができるって、すごいことなんじゃないかな」
「逃げずに向き合えていたよ。お客様も気持ちを聞いてもらえて助かったんじゃないかな」

毎日のクレーム対応に、辛くても「前」を向くように指導してくださったことは、いまでも感謝しています。

若いうちは、**自分が担当している仕事のあるべき姿や本来の目的を見失ってしまいがち**

です。特に新人は、自分でも気づかぬうちに、段々とうつむいて仕事をしてしまうのです。ときに、「なんでこんな大変な思いをしないといけないんだ？」「もっと他に向いている仕事があるに違いない」と思ってしまったりします。

新人が足下を見すぎているとき、指導者はそれに気づかせてあげてください。新人がうつむいていたら言葉をかけて「前」を見せてください。

匠の時短質問

悩んでうつむいている新人に対して

この辛い状況の中でも、感謝できることって何かな？

新人の「無理です」を鵜呑みにしない

新人の育成にあたっては、彼らの表面的な言葉に振り回されないことが大切です。先ほども少し触れましたが、自信がない新人は「私には無理かもしれません」「私にはできないかもしれません」といった発言をすることがあります。

あるいは、新人本人に成果への欲があまりない場合には「給料は気にしないので責任が重くない仕事をしていたい」とか「ライフワークバランスが大事だから高いレベルの仕事はしたくない」などと主張してくることもあります。

これらの言葉を、安易に真に受けてはいけないと思います。

もしこのような言葉を信じて「本人がやる気がないと言ってるんだから」とやさしい仕事しか与えず、鍛えることをやめてしまったとしましょう。たしかに本人はラクでいいかもしれません。しかし、それが本当にその人のためになるとは限りません。

新人はまだ、このレベルでいいと判断できるまで考えが及んでいない場合がほとんどです。「ライフワークバランスを重視した生き方をします」とか、「偉くなって責任を背負いたくない、食べていければ十分です」という価値観を持っていたとしても、それは**本人の少ない経験で決めているだけで、本人が自分の可能性を低く見積もっている可能性もありうる**わけです。

新人の自己申告を鵜呑みにして、なんとなくそれに見合った仕事を与え続けていると、可能性を潰してしまうことがあるのです。

私が新人と一緒に仕事をしていたとき、お客様のクレーム対応業務が精神的にきつくて「私には無理です。もうやめたいです」と言ってきた新人がいました。

私は、お客様の怒りの裏側にある行き場のない気持ちの理解や、怒りのメカニズムを伝え、逃げずに真摯にお客様と向き合っていく支援をしました。するとその新人は、いま一度お客様と向き合い、お客様からの信頼を回復することができました。そして、あれほど

「やめたい」と言っていたクレーム対応の仕事に果敢に取り組んでいくようになったのです。

仕事が回せるようになると、意外とすんなりやる気になるものです。それには、表面的な言葉に惑わされずに支援することがとても大切になります。**ちょっと先の、いま見えていない世界を見せてあげる**ことで、自分の可能性に気づく新人は少なくありません。

長い人生には、いろいろな困難があります。仕事だけでなくプライベートでもいいことばかりではないでしょう。それを乗り越えていかなければいけないシチュエーションは、絶対にやってきます。

そんなとき、仕事で難しい課題を克服した経験を持っている人は、逃げずに真正面から向き合い、その困難を乗り越えていけるはずです。指導者はそんな新人の成長機会を自ら手放してはいけません。指導者は、相手の人生にも影響を与えられる大切な存在なのです。

匠の時短質問

新人が、あなたが依頼した仕事に対して「無理です」と言ったとき

私もサポートするので、一緒にぜひ進めてみない？

行動に「?」と感じたときは思考の背景を問う

毎回始業時間に数分遅れて駆け込んでくる新人がいました。指導者は、イライラして「なんで連絡をしてこないんだ!」と新人を叱り飛ばしました。しかしその後も遅刻はなくなりませんでした。

通常、何度も遅刻をするなど理解に苦しむと思います。そこで叱責するのは当然といえば当然なのですが、そもそもなぜ、そのような行動になってしまったのか、指導者はいったん落ち着いてその行動の背景を探ってみる必要があります。

指導者:「最近遅刻が増えてるね。2~3分でも遅刻は絶対ダメだけど、○○さんはどう考えてるの?」

新　人:「え? すいません。2~3分ぐらいでもダメなんでしょうか? 9時には会社には着いていたんです。トイレに行っていて、机に座ったのは少し遅れましたけど……」

これで新人の行動の背景にある思考を確認できました。正直いって、驚きの思考ではありますが、遅刻が直らない理由が明らかになりました。

あとは、指導して考え方を改めさせればいいわけです。

指導者：「9時始業の意味は、会社に着いていればいいというものでなく、9時には仕事がスムーズに始められる態勢を整えているという意味です。よろしいですか？」

新　人：「そういうことなんですね。明日から気をつけたいと思います」

このように、行動に至る背景を問うことで、新人の考えの根っこの部分がわかるので、回り道をしない効率的な育成ができるようになります。

行動の背景を問う場面は、他にもいろいろ考えられます。

次に、新人が提出した提案書を受け取ったときに指導者が疑問を感じた例で説明します。

新　人：「お客様への提案書の章立てをまず作成してみました。ご確認いただけますか？」

指導者：「（コストの章が最初に来ているけど、本当は後ろに回したほうがいいと思うな……でも我慢してこうなった背景を聞いてみよう）作成ありがとう。なぜこのような章立てになったのか、説明してもらえるかな？」

新　人：「先方がコスト面をとても気にされるので、前半に来るような流れとしました」

指導者：「それでこのような流れなのですね。ＯＫです。詳細の作成を進めてください」

このように指導者側も新人の行動の背景を知ることで、自身の思い込みに気づかされる場合もあるわけです。逆に時間効率を意識しすぎ、行動の背景を確かめずに新人に指示命令を出してしまうと、結果として指導者側がミスリードしてしまうこともあるわけです。

多くの指導者は、どうしても表面的な時間効率を気にしてしまいます。「ここところを直して」と指示を出してしまったほうが、その場からすぐに離れられて、自身の業務に時間を使えるからです。

しかし実際には、行動の背景を問い、考えさせるのにかかる時間は10秒程度にすぎません。かつ行動の背景もわかり、指示やアドバイスの精度が上がるのでいいこと尽くめです。

部下の行動に疑問を感じたら、一呼吸おいて行動の背景を問う質問をしてみてください。

匠の時短質問

新人の理解できない行動があったとき

私はその行動は良くないと思うけど、どう考えてる？

新人の企画書などに対して疑問が湧いたとき

このような全体像（企画、アイデア）になった背景は？

ネガティブな反応に対しては ポジティブ表現と自己開示で攻める

私の同僚が、優秀な新人の育成担当をしていました。その新人がもうすぐ2年目になろうという頃です。同僚が私のところに相談にやってきました。

同僚：「うちの優秀な新人なんだけどさ、最近、他部署との会議になると、やたらネガティブな発言を周囲に発信して困ってるんだよね。どうしたらいいと思う？」

私　：「どんな発言なの？」

同僚：「例えば、『うちの部署では対応が難しいです！』とか『それは対応できかねます。そもそも、なぜこの時期なんでしょうか?!』という感じで……」

私　：「新人だと、余計に攻撃的な発言をしたように受け取られてしまうよね」

同僚：「どうしたらいいかな？」

あなたなら、どうアドバイスしますか？

私なら、次のようなフレーズを新人に投げかけます。

「最近、会議で攻撃的な発言が多いけど、あえて戦略的にやってるの？　結構、ヒヤヒヤしたよ〜」

これは**「ポジティブ表現と自己開示で攻める」**というアプローチです。

「攻撃的な発言はよくないと思う」と、ネガティブなフィードバックで一直線に相手に攻め込むことは避けます。そして、あえて少し角度を外してポジティブな表現で「戦略的にやってるんだよね？」とニュアンスをぼかし、相手の反応をうかがいます。さらに「ヒヤヒヤしたよ〜」と自己開示して、こちらの気持ちを素直に出し、相手に話をしてもらいやすくします。

すると新人は「えっ、そういうふうに見えますか？」というように、意識してなかったという反応をしたり、「やっぱりそう感じてしまいましたか。すみません」と、自ら反省したりします。

ちなみに、同僚が新人に前述の表現で聞いてみたところ、新人本人は「自分の部署の負荷を少なくしたい」という思いで強く主張してしまったようです。自部署のために良かれと思ってやったことが、かえって自部署の印象を悪くしてしまっていたことに、本人はかなり驚いたようです。

このように、新人もそれなりに仕事をすると、少しずつ自信を持つようになり、良くも悪くも自分の主張を強く発信するケースが出てきます。あれだけ純粋だった新人が、いつのまにか反論してくるようになるわけです。そんなときに、「だいぶ偉くなったもんだな！」「ろくに仕事もやってもいないのに、偉そうなこと言うな！」などと反射的に言い返してはいけません。

私は、新人からネガティブな反応があったときこそ、逃げずに、面と向かって**真正面から話をするようにしています**。経験則からいって、新人の問題となる行動を見て見ぬ振りをしてしまうと、ろくなことになりません。

ソフトバンクでは、**困難に出会ったときは、問題から目をそらさず、真正面から向き合う強い気持ちを持つ**ことを教えてもらいました。

ですから、まずは指導者自身が、新人のネガティブな発言に正面から向き合うという気持ちが大切です。

仮に、あなたが新人にある新しい業務を依頼したとしましょう。それで新人が「まだ習ってないからできません」と言ってきたとしたら、私たち指導者は「なるほど。では、どうしたらできるようになるか、まずは一緒に考えたいってことだよね。こちらも頑張ろうという気になるよ」というニュアンスで伝えます。

気持ちは逃げずに真正面から、そして、アプローチは、**ポジティブ表現と自己開示で攻める。**これをぜひ実践してみてください。

匠の時短質問

新人が会議で改善案などを、きつい物言いで伝えてしまったとき

鋭すぎる発言で得たものと、失ったものは何だろう？

第7章

基礎が身についたら始めたい「ワンランク上」の育成法

仕事の基本がある程度身につき、そろそろ一人で仕事を担当させても平気かなと思えるようになった頃合いで、育成のギアも一段上げていきましょう。この章では、より成長を加速させるためのヒントを紹介します。

指示を2割減らすと成長の速度は2割増しになる

いきなりですが、ひとつ質問です。

指導者による新人への指示の出しすぎは、なぜ、新人の成長を阻害するのでしょうか？

一般的に、指導者の新人への指示は、詳しく、そして、的確であればあるほど良いとされます。指導者が指示を的確に出せば、新人の仕事が早く進み、成果も上がります。優秀な指導者は、どうすれば成果が上がるかについて全部わかっているので、明確な指示をどんどん出して、新人を動かすことができるわけです。

新人自身も、的確な指示をもらえると安心します。「わかりやすい」「できるような気がする」「次の行動が明確になる」などポジティブな反応が見込めるでしょう。

しかし、指示がなくなると「なんで指示してくれないの？」「指示がないとまだ新人なんだからわからないですよ」「適切な指示をするのが、指導者の役割なんじゃないの？」とブツブツ言うようになります。

新人は指示や命令、アドバイスが、このままずっともらえるものだと勘違いしてしまうのです。

そういう状態に慣れてしまった新人は、2年目になって指導者が離れたとたんに右往左往してしまいます。自分の頭を使って考えてこなかったので、誰かに命令されないと動けない2年目社員になってしまうのです。

つまり、新人は**いつまでも適切な指示を受け続けていると、細かな指示がないと動けない人材になってしまう**可能性があるということです。

指導者は常に、自分自身に対して次のように問いかける必要があります。

「この指示は、本当に必要だろうか？」

「この指示で、成長の機会を奪うことにならないか？」

この質問を自らに投げかけ、新人への指示を徐々に少なくするように意識する必要があります。細かい指示をいつまでも継続してしまうと、早く独り立ちさせるという目標から遠ざかってしまいます。

指導者はだんだんと、指示を減らし、新人に考える機会を残すようにしないといけないのです。

ある程度独り立ちの目処がたってきたら、まずは指示を2割減らしてください。10回指示するのであれば、2回ぐらいは相手に考えさせるイメージです。例えば、全部指示するのではなく、大枠や勘どころは教えた上で「この部分は、あなた自身で考えるとどうかな？」と伝えるようにします。

新人を早く一人前にして、細かな指示がなくても主体的に行動できるように育成したほうが、結果的に指導者の負荷も少なくなり、成果もずっと上がるのです。ぜひ、意識して実践してみてください。

匠の時短質問

指示を出してほしいと懇願する新人に対して

指示を都度出すと、あなたの成長を奪ってしまわないかな？

「付加価値」と「複数案」を求める

ある程度育ってきた新人には、言われたことをただ させるだけでなく、与えた**仕事に自分なりの付加価値をつけさせる**ように指導します。これも新人自身で考えるクセをつけさせるためです。

最初の頃は言われたことができていれば「いいね」と承認していたような場面でも、次のように伝えて、あえて差し戻します。

「いい感じだね。ただ、〇〇さんなら、さらに良くできるんじゃないかな? お客様の期待を超えるためにどうしたらよいかを考えてみて」

つまり付加価値のある仕事ができるレベルへ、成果基準のハードルを引き上げるのです。

例えば、私が勤めていた携帯電話の販売店には、各メーカーが作った製品のカタログがありました。その冊子は専門用語が多いので、必要な情報を参照するのにとても時間がかかります。そこで指導者は新人スタッフに、よりわかりやすくお客様に説明するための商品説明のマニュアルを作るように依頼しました。

あまり深く考えない新人スタッフにこのマニュアル作りを頼むと、単なるカタログの圧縮版を作ってしまいます。必要な箇所を抜粋してあるので見やすくはなっていますが、単にカタログが圧縮されただけなので、使えそうで使えません。

一方、付加価値をつけることを心がけている新人は、カタログから情報を抜粋するだけでなく「この商品の一番の大事なポイントはここです」「このポイントを言わないと、トラブルになります」「この点はいつもお客様からよく質問を受けます」というように、何も言わなくても自主的にお客様へのセールストークの例や注意点などを書き添えてくれます。

これが付加価値を加えるということです。

新人がある程度仕事に慣れてきたら、積極的に付加価値を求める指導方法に変えてください。新人にとっても、言われた仕事をただやっていても単純作業になって「やらされ感」が出てきてしまい、おもしろみを感じなくなってしまいます。

また、新人がある程度育ってきたら、**アイデアを出してもらうときは1案だけでなく、必ず複数案を出してもらう**ようにしましょう。1案しか出さない場合は突き返すようにしてください。

なぜ複数の案が必要かといえば、指導者側も1案だけでは不安ですし、複数の案を出してもらうと、新人の考えをいろいろな角度から知ることができるからです。

複数案の選択肢がある提案書には付加価値が出ますし、新人も仕事について深く考えることになるので力がついてきます。

そもそも複数案を出す目的は、上司の承認を得て自身の案件を通すことです。1案だけしか出さないよりは複数案を提示したほうが承認を得られる確率が高まるのは言うまでもありません。

さらにいえば、複数案の中でも、一番いい案はどれなのか、なぜこの案がいいのかという理由も言えるように指導してください。「今回は3パターンの案を考えました。最もオススメなものは最後に提示したプランです。なぜならば……」というイメージです。

以上のように、ある程度育ってきた新人に対しては、付加価値のある仕事をさせること、そして複数案を考えさせることを習慣化させれば、より頼れる戦力へと成長させられます。

匠の時短質問

言われたことをこなすだけで満足してしまう新人に対して

もっとお客様を喜ばせるにはどうしたらいいかな？

この案以外にも、より良い選択肢を複数用意できるかな？

会議で自発的に発言させる

会議に参加すると、完全にお客様のような新人をよく見かけます。

「まだ新人だから意見を求められないはずだ」

「まだ新人だから大したことを言えなくても大丈夫」

「私は議事録を取ることに専念しているから、自分の意見は何も言わなくてもいい」

と考えているような新人です。


こうした新人を、より早く一人前に鍛え上げるためにも、会議に出席させる前には、あらかじめこう伝えておきましょう。

「当日の会議で発言する内容を事前に考えて整理してほしい」

「会議が始まる前に、誰よりも多くのアイデアを出しておいてください」「会議で『私なりにアイデアを整理してみました』と言えるようにしてください」

こう指導する意味は2つあります。

ひとつは、当事者意識を持たせることです。積極的に会議の議題について考え、発言させることで、より主体的に考えるようになり、成長の速度を速めることができます。

もちろん、「こういうふうに考えたのですが……」と新人が切り出せば、その案が良くても悪くても議論の起爆剤になるので、その会議を仕切っている進行役の人も助かるでしょう。会議という場への立派な貢献です。

もうひとつは、同期やライバルたちよりも、一歩先んじることができるからです。

会議の多くの参加者は、会議のテーマについて事前になんとなく考えてはいますが、しっかりと考え抜いている人は意外と少ないものです。そこへ新人一人だけ、企画について考え抜いた状態で参加させるのです。

新人はまわりの会議参加者と比べて数日早く行動を始めただけなのに、まわりから見ると「この新人なかなかやるな」「ちょっと違うな」と評価されるわけです。そんなふうに、まわりの新人より一歩先を行く行動をとれるように指導してください。

他の新人と同じことをさせていたら、周囲と同じようにしか成長できません。一歩抜きん出ることを意識させることが大切です。平たく言うと**「同僚を出し抜く」**のです。

新人の耳には、「あいつ一人だけ目立とうとして」などという雑音が入ってくるかもしれませんが、指導者はそこへ意識を向けさせてはいけません。もし、新人が悩むようなら「意識すべきなのは成果を出すこと。より多くお客様に貢献すること。そこにフォーカスしなさい」と毅然とした態度で新人に伝えます。

同僚を出し抜けと教える本質は、より高い貢献をさせることです。また「まわりより常に一歩リードしろ」と教える以上、**指導者自身も同じことをやらざるを得なくなり、自身の成長にもつながる**わけです。

匠の時短質問

会議に何も準備せずに出席しようとする新人に対して

今日の会議では、どんな発言をしようと思ってるの？

2倍の仕事を与え成長を加速させる

もし、指導者であるあなたが、いまの倍の仕事量を求められたらどう感じますか？　難しく感じるでしょうか？　さほど無理なく進められそうでしょうか？

かなり難しいと感じる人が多いと思います。私も以前はそう感じていました。しかし、自身が倍の仕事量を経験した際に驚いたのは、意外にも**自分で限界を設けていた**ということでした。

かつてソフトバンクの教育部門に所属していた頃、研修プログラムの開発という仕事をしていたことがありました。新規の研修プログラム開発をする場合、一人1研修ずつ割り当てられるのが通常でした。

ところがあるとき、上司から一気に3つの新規コンテンツを開発するようにというミッションが与えられました。絶対に逃げられない案件だったため、自分でも考えられないほど火事場の馬鹿力が出たのを思い出します。

人は誰でも**「自分はこのくらいしかできない」という思い込み**があります。先ほどの例で言うと、1期間にひとつの研修プログラムの開発が基本だという慣習になっていたので、自分もそのレベルが能力の限界のように勝手に感じてしまっていました。

しかし、火事場の馬鹿力という言葉にもあるように、**本気スイッチがオンにされると意外と与えられた基準を大きくクリアできる**ことがあります。これが、もう一段階上の成長を促すのです。

なお、新人にいままでの倍の仕事を与えるにあたっては、注意点が2つあります。

ひとつは、新人に倍の仕事を与えるなら、**いまと同じ系統の業務で仕事量を倍にする**ことです。今できている業務、またはそれに関連した業務ならば、2倍の量でもなんとか対応できるものです。

もうひとつは、指導者のフォローが不可欠だということです。**倍の仕事を振るのなら、**

指導者は倍のフォローを覚悟すべきです。そうでなければ新人はつぶれてしまう可能性もあります。仕事を与える側にフォローの覚悟がないなら、2倍のタスクなど与えるべきではありません。

フォローの内容ですが、例えば新人の無駄にしている時間の洗い出しや、業務の効率化、業務の滞りの原因を指導者がヒアリングしていきながら一緒に解決していくなどです。的確にフォローできれば倍の仕事を乗り越えさせることは十分可能です。

なお、**倍のフォローをするということは、フォローの時間を2倍にすることを意味するわけではありません**。例えば、今までミーティングに1時間かけていたとします。そのうち、進捗確認に30分かけていたとしたら、進捗確認はメール共有だけにして、懸案事項を1時間かけて議論する。そんなふうに同じ時間のミーティングでも、中身を濃くしていけば十分に倍のフォローができます。

新人に倍の仕事をさせること、そして、フォローの仕方を変えること、これをセットで行うことが肝要です。

匠の時短質問

新人に倍の仕事を依頼して、不安そうな表情をされたとき

自分の可能性に勝手に制限をかけてないかな？

2週間前倒しで仕事を終えさせる

私はソフトバンク時代、すでにお話ししましたように研修のプログラム開発という仕事に長らく携わってきました。ひとつの研修プログラムを開発する際には約2ヶ月間かかり、長いときで約3ヶ月を割くこともありました。

ひとつの研修プログラムを開発するだけならよいのですが、3本の研修プログラムの開発を同時並行で進めていくこともあり、かなり仕事量は多く、必然的にスケジュール管理やタイムマネジメントを慎重に行わなければなりませんでした。

しかし、納期が3ヶ月も先ですと、ソフトバンクに買収されたばかりの当時の私は、スタートがゆったりしてしまいがちで、「まだ大丈夫かな」と気をゆるめてしまうことが多々ありました。そんなときに限って、緊急の突発案件がやってくるのです。

「急なんだけど、社長案件でイベントを開催することになった。期日は2週間後だから最優先で手伝ってほしい」

社長案件は最優先事項ですから、短期間とはいえ、多くの時間を割くことになります。自身の仕事が思うように進まない上に仕事が増えて、本当に焦った経験があります。

私はこの経験から、自分の仕事のみならず新人に仕事を依頼するときも、**スケジュールを2週間前倒しする**ようにしました。例えば、本当の締切が3月1日だとすると、新人には「2月16日の締切を守るには、どんなスケジュールを立てられそうかな？」と聞くわけです。2月16日の締切前提で、新人に逆算してスケジュールを立てさせます。

もちろん、業務の大きさによって前倒し期間は変わるわけですが、ポイントは、新人に以下のような**大至急感を感じさせる**ことです。

「短期間すぎる！　いますぐ動かないとやばい！」

という感覚です。

このように、**依頼を受けた仕事を2週間前倒しにすることで、仕事の初動がものすごく速くなると同時に、急な予定変更やアクシデントにも対応できる**ようになります。

どんな職場でも交通機関の乱れや子供の発熱などのアクシデントは日常茶飯事でしょう。他部署の人から、「ちょっと相談に乗ってほしいのですが」と相談されれば、むげに断れませんし、突然誰かが退職したり、チームメンバーが産休でお休みに入ったりするケースもあります。

新人を一人前に育てるには、突発的な状況があっても余裕を持って対応できるように指導していく必要があるのです。

仮にこちらの前倒しが新人にバレても問題ありません。

「なんでそんなにスケジュールを早めるのですか？」と聞かれれば、早めに進めることのメリットを本人に考えさせます。「スケジュールを2週間前倒しすることの、あなたにとってのメリットは何だろう？」

すると新人は「他の業務もできるかもしれませんし、他の人のサポートもできるかもしれません」と答えてくれます。そうしたら「それができると、あなたの周囲からの評価はどうなるだろう？」と尋ねてみるわけです。新人は照れ臭そうに笑ってくれるでしょう。

前倒しをすることで時間に余裕ができて、他人のフォローやプラスアルファの仕事ができれば、誰しもが評価せざるを得ません。いずれは自らスケジュールを前倒しして、周囲へのサポートができるようになるのが理想です。それができないうちは、指導者であるあなたが意図してそれを行えるように仕向けていくわけです。ぜひ、試してみてください。

匠の時短質問

いつも提出期限がギリギリの新人に納期前倒しを伝えたあと

スケジュールを2週間前倒しにするメリットって何だと思う？

おわりに

本書をお読みいただき、ありがとうございました。本書で紹介した時短質問を活用した仕事の教え方をひとつでも実践いただき、効果を感じとっていただけたら大変うれしく思います。

最後に本書を手にしてくださったあなたにどうしてもお伝えしたいことがあります。それは、「10秒で新人を伸ばす」ことの、もうひとつの大切な意味についてです。

私は本業以外に、学生のキャリア相談にのる機会があります。いままでは多くの学生が社会で活躍していますが、中には、仕事や人間関係がうまくいかず、2、3年でキャリアチェンジする人も一部出てきています。

彼らへのヒアリングを通じて、わかったことがあります。それは、意外にも「職場でのちょっとしたコミュニケーション」が初期のキャリアに大きな影響を与えているということです。

早期にキャリアをチェンジした人は次のように語っています。

「あと一言、上司や先輩と会話をしていれば、会社をやめなかったかもしれない」
「あと一言、周囲と会話をしていれば、誤解が解けたかもしれない」

一方でキャリアを順調に進んでいる人も次のように言っています。

「あの一言があったから、今でも頑張っていられるのだと思う」
「あの一言がもしなかったらと思うと、いまでもゾッとします」

このように、多くの人が、キャリアの節目でほんの些細なコミュニケーションに高い期待を示していました。

新人は、ちょっとしたことでやる気になったり、救われたりするものです。ですから私は、みっちり時間をかけて行う指導も大事だと思う一方、ほんのわずかな時間で行う指導、それこそ10秒の指導も、実は同じくらい価値あるものだと考えています。

私自身もソフトバンク在籍時に、何度となくそんな一言に支えられてきました。

「気にするところは、周囲の目でなく、成果なんじゃないかな？」

「もっと気楽に考えたら、島村らしさが出るんじゃないかな？」

「講師で一番を目指すのだったよね？」

どんな言葉でもいい。10秒の短い時間でいい。毎日、新人は指導者であるあなたからの声かけを待っています。

あなたのその一言で、新人はより大きく羽ばたける可能性があります。あなたのその一言が、きっと、辛くても踏ん張っている新人の心の支えになるのだと思います。

その貴重な10秒は、あなたが想像している以上に、新人に影響を与えるのです。

指導者であるあなたがもし、このメッセージに共感してくださったら、ぜひ信頼のおける周囲の指導者に、このバトンを渡していただけたらうれしく思います。

「10秒で新人は伸びるんだよ」

本書の作成にあたりまして、若い世代の成長を支援する本書の取り組みを応援してくださる青野史寛様、出版の後押しや斬新なアドバイスをくださる東家信和様、また、独立以降、日々ご指導をいただいております中原淳先生、関根雅泰様はじめ、多くの諸先輩方にこの場をお借りして、心より御礼を申し上げます。

そして、原稿の執筆を支えてくれた妻、いつも賑やかな娘と息子、そして私を育ててくれた両親にも感謝したいと思います。

最後になりますが、この本を手にとっていただいたあなたに、心より御礼申し上げ、筆を擱きたいと思います。

講師ビジョン株式会社
代表取締役　島村 公俊

第7章 基礎が身についたら始めたい「ワンランク上」の育成法

※指示を出してほしいと懇願する新人に対して

指示を都度出すと、
あなたの成長を奪ってしまわないかな？

※言われたことをこなすだけで満足してしまう新人に対して

もっとお客様を喜ばせるにはどうしたらいいかな？
この案以外にも、より良い選択肢を複数用意できるかな？

※会議に何も準備せずに出席しようとする新人に対して

今日の会議では、どんな発言をしようと思ってるの？

※新人に倍の仕事を依頼して、不安そうな表情をされたとき

自分の可能性に勝手に制限をかけてないかな？

※いつも提出期限がギリギリの新人に納期前倒しを伝えたあと

スケジュールを2週間前倒しにするメリットって何だと思う？

第6章 トラブルはスピード減の元！「困ったとき」の解決法

※新人の変化に気づいたとき

最近、元気なさそうだけど、私が原因だったりする？

※人間関係に悩みすぎている新人に対して

いま、最も関心を向けなければならないことは何だと思う？

※落ち込んでいる新人に声をかけるシーン

いまから1時間で○○の作業をお願いできるかな？

※悩んでうつむいている新人に対して

この辛い状況の中でも、感謝できることって何かな？

※新人が、あなたが依頼した仕事に対して「無理です」と言ったとき

私もサポートするので、一緒にぜひ進めてみない？

※新人の理解できない行動があったとき

私はその行動は良くないと思うけど、どう考えてる？

※新人の企画書などに対して疑問が湧いたとき

このような全体像（企画、アイデア）になった背景は？

※新人が会議で改善案などを、きつい物言いで伝えてしまったとき

鋭すぎる発言で得たものと、失ったものは何だろう？

※新人にフィードバックを通じて成長してもらいたいと思ったとき

自ら評価をとりに行くメリットって何だと思う？

第5章　忙しくても続けられるコミュニケーションの秘訣

※報連相が足りない新人への一言

報連相がないと、なぜ私が困るか、想像つくかな？

※新人の報告に対して、忙しくて対応が難しいとき

ごめん、○○時に、再度来てもらえるかな？

※新人に自身のメールの特徴について説明するとき

一言だけのメール返信のメリットって何だと思う？

※新人とコミュニケーションをとりたいけど、とりづらいと感じるとき

相談したいことがあるんだけど、２～３分いいかな？

※新人が忙しさにかまけて、業務の振り返りをしていないと感じたとき

忙しい中で振り返りをするために、何ができるかな？

※新人から丸投げ気味の相談があったとき

ちなみに、あなたが考える行動案はどんなものなの？

巻末付録　「匠の時短質問」一覧

第1章　最速で「仕事の基本」を教える10の鉄則

※初めて新人に業務を教えるとき

実践中心と講義中心、どっちがやる気が出るかな？

※新人が学習スタイルに慣れてきたとき

好みの学習スタイルの逆を試すけど、なぜかわかる？

※行動重視の新人に業務を依頼するとき

この業務の全体像と目的を説明してもらえるかな？
この業務を進める際に、最も注意すべきことは何かな？

※慎重型の新人が行動を躊躇しているとき

ここが理解できたら大丈夫だから、早速やってみない？

※一気に業務を教えたくなってしまったとき

この業務は大きくいくつに分けられると思う？

※新人に手本を示すとき

○○さんが具体的に見たいポイントってどんな点かな？

※新人にレクチャーする前に

レクチャー後に、ポイントを整理して伝えてくれるかな？

※論理重視でチームに溶け込めていない新人に居場所を作ってあげたいとき

○○さんも誘って一緒にランチ行きませんか？

※気持ち重視で客観的になれない新人に冷静さを取り戻させたいとき

数字や事実を入れて説明すると、どうなるかな？

※新人へ仕事を依頼する前

説明のあとに最低3つ、疑問点を質問してもらえるかな？

※新人へ仕事を依頼したあと

疑問点が出たら、質問一覧表に記入してもらえるかな？

※レクチャーした内容について新人に考えさせたいとき

いま教えた中で最も大切なポイントはどこかな？

※外出や出張時の新人の疑問点の対応について伝えること

疑問点は、毎日17時までにメールで送ってもらえるかな？
外出するから、疑問点は、○○先輩に聞けるかな？

第2章 早く自分で育つように新人を「体質改善」する

※新人に一通り指示を出したあとに確認を促すとき

この場で確認したい抜け漏れや曖昧な点はあるかな？

※新人の業務報告で、熱意は伝わるが、何が言いたいかわからないとき

①まず、何の報告か一言で言えるかな？

②では、結論を一言で言うと？
③ところで、根拠は全部で何点あるの？
④結局、あなたはどうしたいの？

※わからないことを放置している新人に対して伝えるとき

疑問点を放置すると、
チームに迷惑がかかるのはなぜかな？

※周囲にアドバイスを求めるのが苦手な新人に対して

誰かに頼るのは良くないことだと思ってないかな？

※挨拶やお礼がなっていない新人に伝えるとき

どんな挨拶やお礼だと、もっと面倒をみたいと思う？

※上からの指示を素直に受け止められない新人に伝えるとき

上からの指示を明るく受け止めるメリットは何だろう？

※新人の依頼者に対する要望の確認が不十分だったとき

依頼者の要望をより正確に把握するには？

※新人が会社の行動指針に沿った行動がとれていないとき

会社の行動指針を考えると、どう行動すべきかな？

第3章 10秒で新人を伸ばす質問術

※商談直前のシーンで

今日の商談のゴールはどこに置いてるの？

※商談が終わったあとのシーンで

次回の商談に向けて今日やるべきことは？

※新人と同行して商談を終えたあと

商談の失敗要因をメールで送ってもらえる？

※新人を取り巻く関係者の立場で考えさせたいとき

“お客様の立場”で考えると、どうなる？
“○○部門の立場”で考えると、どうなる？

※新人が安易に「私には難しいです」と相談に来たら

一人で乗り切るアイデアを一緒に考えてみない？

※新人がその場ですぐに行動し始めないとき

この場でいますぐに始められることって何かな？

※「丁寧かつじっくり派」の新人に、タイムプレッシャーをかけたいとき

大至急、○○の対応を○○時までにお願いできるかな？

※指導者が新人に仕事を依頼しようと考えているときに

今週の実質的な空き時間ってどのくらいあるかな？

※新人に質問してしっかりと考えている様子のとき

○○時までに考えを整理してメールで送ってもらえるかな？

※新人に質問して表情の変化が大きく「変だな？」と感じたとき

だいぶ間があったけど、いまどんなことを感じてる？

※新人に質問の効果を尋ねるとき

最も考えさせられた質問ってどれだったかな？

第4章 成長を加速させる「叱り方＆ほめ方」のコツ

※新人の成長のために叱っていることを伝えたいとき

私が叱らないことであなたが失うことって何だと思う？

※新人の成果が上がらないとき

「知識」「行動」「スタンス」、どれが一番の課題だと思う？

※新人の行動を叱る際の一言

その行動が、周囲にどんな影響を与えていると思う？

※観察した事実をほめたいとき

ひょっとして、いつも○○してくれていたの？

※新人のモチベーションが気になるとき

何かやってみたいこととか、参加したいものはあるかな？

【著者紹介】

島村公俊（しまむら　きみとし）

講師ビジョン代表取締役。

人事コンサルティング会社等を経て、2006年ソフトバンク株式会社（旧ボーダフォン）入社。ソフトバンクユニバーシティの立ち上げに参画。1000人規模の新人研修、累計500人を超える新人指導者のエルダー研修、100人を超える社内講師の育成等に従事。最高の講師の称号「匠」を獲得する。

研修の内製化の取り組みでは、ソフトバンクアワードや日本HRチャレンジ大賞優秀賞など国内外で受賞多数。

2016年より講師ビジョン株式会社代表取締役として、「人を育て、人を活かす」ことを目的に、OJTトレーナー研修、新人研修、社内講師育成を軸にビジネスを展開している。

10秒で新人を伸ばす質問術
2019年10月3日発行

著　者――島村公俊
発行者――駒橋憲一
発行所――東洋経済新報社
〒103-8345　東京都中央区日本橋本石町1-2-1
電話＝東洋経済コールセンター　03(5605)7021
https://toyokeizai.net/

装　丁…………小口翔平＋岩永香穂（tobufune）
本文デザイン……喜來詩織（tobufune）
イラスト…………髙柳浩太郎
ＤＴＰ…………アイランドコレクション
構　成…………長山清子
編集協力………小川由希子
印　刷…………丸井工文社
編集担当………齋藤宏軌
　ISBN 978-4-492-50291-4